21世纪高等学校计算机应用型本科规划教材精选

Java语言程序设计上机指导

于 静 主 编
顾鸿虹 张 虹 副主编
柯 瑜 李 远 编 著

清华大学出版社
北 京

内 容 简 介

本书是《Java 语言程序设计》的配套上机指导书，包含两部分内容，共 14 章。前 13 章内容分别对应主教材中的各章内容，每章包含预备知识、若干个实验以及课外练习，其中每个实验由实验目的、实验内容、实验步骤、参考代码和程序解析组成；第 14 章是一个综合的课程设计实验，通过设计完成一个多线程下载器，帮助读者掌握面向对象程序设计方法，灵活使用 Java SE 的各种技术，具备桌面应用程序的开发能力。

本书内容由浅入深，循序渐进，强调实用性和易学性，可作为高等院校，特别是应用型本科院校的计算机及其相关专业的实验教学用书，也可以作为 Java 初学者或者软件开发人员的参考用书。

图书在版编目(CIP)数据

Java 语言程序设计上机指导/于静主编. —北京：清华大学出版社，2015(2020.7重印)
21 世纪高等学校计算机应用型本科规划教材精选
ISBN 978-7-302-40988-5

Ⅰ. ①J…　Ⅱ. ①于…　Ⅲ. ①JAVA 语言－程序设计－高等学校－教学参考资料　Ⅳ. ①TP312

中国版本图书馆 CIP 数据核字(2015)第 169543 号

责任编辑：刘向威　李　晔
封面设计：杨　兮
责任校对：白　蕾
责任印制：宋　林

出版发行：清华大学出版社
　　网　　址：http://www.tup.com.cn，http://www.wqbook.com
　　地　　址：北京清华大学学研大厦 A 座　　**邮　　编**：100084
　　社 总 机：010-62770175　　**邮　　购**：010-62786544
　　投稿与读者服务：010-62776969，c-service@tup.tsinghua.edu.cn
　　质量反馈：010-62772015，zhiliang@tup.tsinghua.edu.cn
　　课件下载：http://www.tup.com.cn，010-83470236
印 装 者：北京九州迅驰传媒文化有限公司
经　　销：全国新华书店
开　　本：185mm×260mm　　**印　　张**：13.75　　**字　　数**：333 千字
版　　次：2015 年 9 月第 1 版　　**印　　次**：2020 年 7 月第 3 次印刷
印　　数：2401～2900
定　　价：29.00元

产品编号：036165-01

前言

FOREWORD

本上机指导面向的读者对象主要为普通高等院校应用型本科计算机及其相关专业的学生以及Java的初学者，根据编者总结的实际教学经验与体会，结合当前软件开发行业的就业需求，精心设计各个实验内容。通过各个实验内容帮助读者理解面向对象思想和Java程序设计语言的精髓。书中的实例蕴涵的编程思想来自于实际的工程项目经验，具有一定的实用性和参考性。

本书包含两部分内容，共14章。前13章内容包含预备知识、若干个实验以及课外练习。预备知识概要讲解本章实验需要使用的理论知识点；每个实验由实验目的、实验内容、实验步骤、参考代码和程序解析组成，其中的实验步骤按照编程思路给出参考代码或操作步骤，程序解析中针对实验中的疑难问题或者关键代码进行深入解析；课外练习针对本章内容进一步扩展应用。第14章是一个综合的课程设计，包括设计目的、知识梳理、需求分析、设计与具体实现和设计总结。通过设计完成一个多线程下载器，帮助读者掌握面向对象程序设计方法，灵活使用Java SE的各种技术，具备桌面应用程序的开发能力。

本书结构安排如下：

第1章　Java开发环境与面向对象概述，安装与配置Java开发环境，学习在Windows系统中设置JDK环境变量的方法，以及在DOS环境下编译和运行Java应用程序的方法，初步了解面向对象的编程思想，了解封装思想中属性、方法的概念，区分面向对象与面向过程两种编程思想的不同。

第2章　Java语言基础，理解类的定义，掌握对象的创建，学会使用类的成员变量和成员方法，掌握访问修饰符的使用，掌握静态成员与实例成员的区别，学会使用类的静态成员和final关键字，掌握使用构造方法初始化对象，理解方法重载，理解变量的作用域，掌握成员变量和局部变量的区别，学会使用this关键字。

第3章　程序的流程控制和数组，掌握选择结构、循环结构及其嵌套的使用，能够解决实际问题，学会使用命令行参数，了解和灵活使用continue和break等语句，练习使用逆向思维和递归思想来分析解决问题，熟练掌握和运用数组来解决实际问题。

第4章　类的特性，理解子类派生的概念，学习创建子类对象，掌握方法重写的使用，掌握抽象类、内部类的使用。

第5章　接口与多态，学习如何定义接口，掌握接口的实现方式，理解接口与抽象类的区别，学习利用多态机制实现向上转型以及增强系统的可扩展性。

第6章　异常，使用try-catch、多重catch、throw关键字处理异常，理解ArithmeticExce-ption、ArrayIndexOutOfBoundsException和NumberFormatException异常类，使用自定义异常类和finally关键字。

第 7 章　集合类的使用，学习对象数组和集合类的使用，并理解二者之间的区别，掌握 ArrayList、Vector、HashMap 和 HashSet 类的使用，理解泛型的概念。

第 8 章　IO 操作，掌握 File 类的使用，掌握 FileInputStream 类和 FileOutputStream 类、FileReader 类和 BufferedReader 类、FileWriter 类和 BufferedWriter 类的使用，理解序列化的意义，掌握 Serializable 接口的使用，理解 transient 关键字。

第 9 章　多线程，掌握创建线程和启动线程的方法，掌握线程优先级的设置方法，理解线程同步的意义，掌握同步代码块和同步方法，实现线程间的通信。

第 10 章　网络编程，理解端口与套接字，掌握使用 ServerSocket 类编写 TCP 程序。

第 11 章　Eclipse 开发环境的使用，安装 Eclipse 及其插件，学习使用 Eclipse 创建项目和类，熟练掌握使用 Eclipse 编写、运行、调试 Java 程序。

第 12 章　Swing 程序设计基础，熟练掌握使用 Visual Editor 界面辅助设计工具构建 GUI，熟练运用 Swing 容器和组件编写 Java 图形化应用程序，熟练掌握组件的事件监听。

第 13 章　数据库编程，熟练 java.sql 包的使用，掌握常见 JDBC API 的使用，包括数据的添加、更新、查询等操作，理解并掌握预编译方式执行 SQL 语句。

第 14 章　课程设计——多线程下载工具，利用多线程技术、HTTP 通信及 Socket 通信，设计并实现支持断点续传的基于 Java 的多线程下载工具。

本书第 1 章～第 5 章由于静编写，第 6 章和第 7 章由柯瑜编写，第 8 章和第 9 章由李远编写，第 11 章～第 13 章由顾鸿虹编写，第 10 章和第 14 章由张虹编写。全书由于静负责内容结构设计和统稿工作。

对于书中的疏漏和不妥之处，恳请读者批评指正。

编　者

2015 年 6 月

目录

CONTENTS

CHAPTER 1

第1章

Java 开发环境与面向对象概述

从程序设计者的角度来看，Java 有自己的语法规则和运行机制，是一种简单易用的编程语言。但是，随着软件工程的不断发展和互联网应用的迅速膨胀，现在的 Java 已经更像是一种标准或一种平台。从 Java ME(Java Micro Edition)在 PDA、智能手机等嵌入式设备的广泛应用到 Java EE(Java Enterprise Edition)架构在企业解决方案中的备受推崇，Java 已经悄悄地融入到日常生活的每一个角落。

1.1 预备知识

1.1.1 Java 简介

Java 是由 Sun Microsystems 公司于 1995 年 5 月推出的“Java 程序设计语言”和“Java 平台”的总称。

平台无关性是 Java 的一大特点，该特性是指编译后的 Java 程序可以直接运行于不同的平台上。平台无关性使得使用 Java 编写的程序能在世界范围内共享，从而使 Java 随着 Web 应用的推广而迅速普及起来。Java 的平台无关性是因为引进了虚拟机(Java Virtual Machine,JVM)原理，实现不同平台的 Java 接口之间的统一。Java 的源程序文件(后缀为 java 的文件)经过编译会产生字节码文件(后缀为 class 的文件)，字节码文件结构不同于传统的编译器生成的二进制文件，是必须经过 JVM 的解释才能运行的文件。JVM 是建立在硬件和操作系统之上，实现 Java 二进制代码的解释执行功能。因此 Java 被认为是一种解释型语言。只要在任意操作系统中安装有 JVM，就可以运行编译后的 Java 程序，这也就是所谓的“一次编译，处处执行”。

Java 的另一大特点是支持面向对象(Object Oriented, OO)的特性：封装(Encapsulation)、继承(Inheritence)和多态(Polymorphism)。通过这三种特性，程序开发者可以把自己的代码以一种更符合人类理解的方式进行组织。因此，在面向对象领域中存在类、对象、属性、方法、父类与子类、抽象类、接口等概念。学习面向对象，要区分面向过程的思想：面向过程是一种以过程为中心的编程思想，就是分析出解决问题所需要的步骤，然后用函数把这些步骤一步一步实现，使用的时候一个一个依次调用就可以了；面向对象是一种以事物为中心的编程思想，把构成问题的事务分解成各个对象，建立对象的目的不是为了完成一个步骤，而是为了描述某个事务在整个解决问题的步骤中的行为。

此外，Java 的主要特点还包括简单、安全、可移植、健壮、多线程、体系结构中立、高性能、分布式和动态。

Java 语言分为三个版本：Java ME(Micro Edition)、Java SE(Standard Edition)和 Java EE(Enterprise Edition)。其中 Java ME 为 Java 微型版，是一种为消费电子类嵌入式设备运行 Java 程序设计的解决方案。Java EE 为 Java 企业版，适用于创建服务器应用程序和服务的平台架构。Java SE 是 Java 标准版，用于普通桌面级应用软件的编程。

1.1.2 Java应用程序

Java 应用程序(Application)和小应用程序(Applet)是 Java 提供的两种不同类型的程序。Applet 是采用 Java 创建的基于 HTML 的程序，目前市场中较少应用，本书中不做讲述。

下面以 HelloWorld.java 源程序来分析 Java 应用程序的关键特性。

```
public class HelloWorld{
    public static void main(String[ ] args){
        System.out.println("HelloWorld! ");
    }
}
```

程序第一行使用 class 关键字定义了一个类，类名为 HelloWorld。在 Java 语言中，最基本的程序至少包含一个类。该程序通过 public 关键字把该类定义成公共类。所谓公共类，是指可供任何外界 Java 程序使用的类。一个源程序文件最多只能定义一个公共类(可以没有公共类)，并且公共类的命名要和源程序文件名相同，区分大小写。例如，如果源程序中定义的公共类为 public class Helloworld，但把它存储在 HelloWorld.java 中，编译时就会发生错误，这是初学者最容易犯的错误。

程序第二行定义了一个公有静态方法，方法名称为 main。通过 static 关键字可把该方法定义为静态方法，通过 public 关键字把该方法定义为公有方法。所谓静态方法，是指该方法属于所定义的类，而不属于该类的某个具体对象。公有方法是指该方法可以被任何外部 Java 程序使用，这都属于 Java 的修饰符。定义 main 方法时，规定了 main 方法的参数为 String[] args，即一个名为 args 的字符串数组。在 Java 语言中，不必像 C 语言一样用字符数组处理字符串，可以用专门的类进行字符操作，String 类就是其中之一，可以存储并操作字符串。main 方法中的 args 为一个字符串数组(注意“[]”的位置与 C 语言中的数组格式不同)，存储的是通过命令行传递过来的命令参数。这里需要注意的是，并不是每个编译后的字节码文件都可以被虚拟机直接解释执行。只有该类包含公有静态 main 方法，且该 main 方法必须以 String 数组为参数时，才可以被虚拟机解释执行，这个 main 方法即为程序执行的入口点。

程序第三行的目的是输出一个字符串：“HelloWorld!”。具体调用过程是首先调用 System 类，找到该类的静态成员 out 后执行其 println()静态方法进行输出。

程序第四、五行分别为方法的结束花括号、类结束花括号。Java 的基本语法与 C 语言一样，都是以花括号作为模块的开始和结束标志。花括号的配对规则是，结束花括号总与其最近的，尚未配对的开始花括号进行配对。从这个配对规则也可以看出，这个程序中的外层花括号其实是对类 HelloWorld 进行定义，内层花括号是对 main 方法进行定义，表示该方法属于 HelloWorld 类。

1.1.3　Java 开发与运行环境介绍

1. JDK 与 JRE

JDK(Java Development Kit)是 Java 语言的开发工具包，工具包里除了包含 Java 语言编译器，调试器以及演示程序以外，一般还会包含 Java 程序的运行环境：JRE(Java Runtime Environment)。JRE 是某一平台运行 Java 程序的软件环境，包括虚拟机(JVM)和核心类库等。如果仅仅部署 Java 程序的运行环境，可直接下载安装 JRE，不必安装 JDK。但如果想要编写 Java 程序，则应该安装 JDK，以实现 Java 程序的编译。

2. 安装 JDK

运行下载后的安装程序，会跳出一个许可协议页面，单击“接受”按钮即可进入下一步。

图 1.1 中显示了 JDK 所包含的组件：开发工具主要包括 Java 语言的编译器，开发专用 JRE 等；源代码则是指 Java 核心类库(API)的源程序；公共 JRE 则是 Java 程序的运行环境。选择好安装的目的文件夹后，单击“下一步”按钮安装所选组件，如图 1.2 所示。如果在图 1.1 所示的安装步骤中选择安装公共 JRE 组件，则在安装 JDK 快结束时弹出 JRE 的安装界面，如图 1.3 所示。

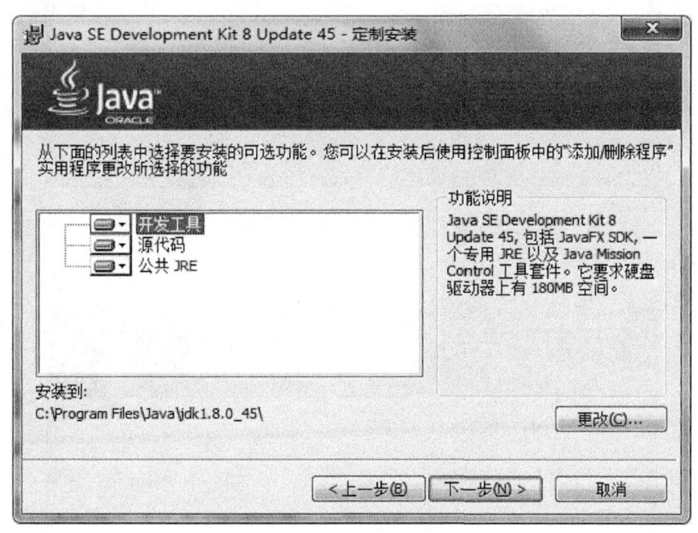

图 1.1　安装 Java SE JDK

图 1.3 中显示了 JRE 安装包中的组件，包括 JRE、浏览器默认的 Java 虚拟机、多语言支持和媒体支持等。单击“下一步”按钮后，完成 JRE 的安装，最终完成整个 JDK 的安装。安装成功后会显示成功信息，如图 1.4 所示。

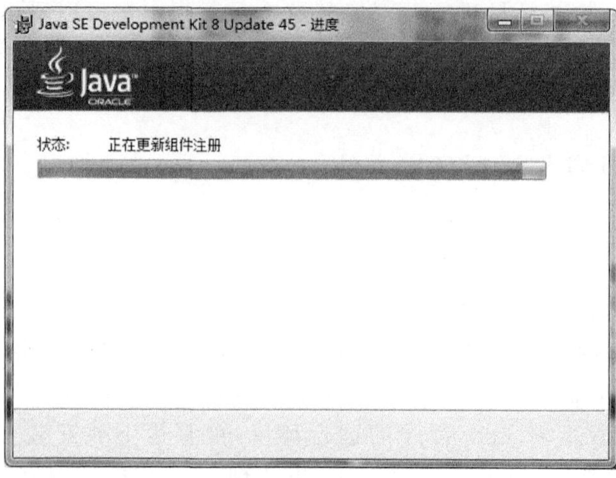

图 1.2 安装 Java SE JDK

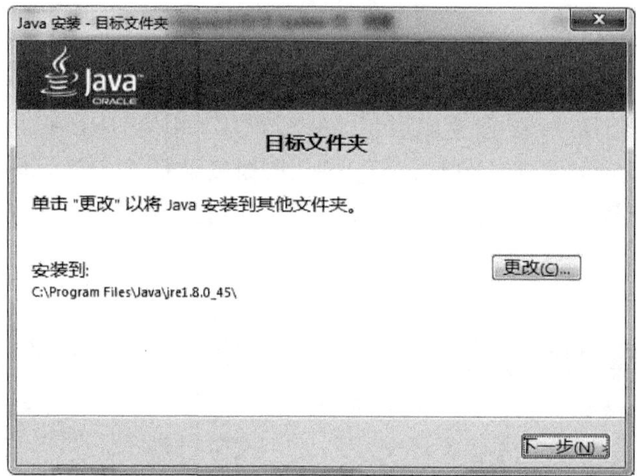

图 1.3 安装 Java Runtime Environment

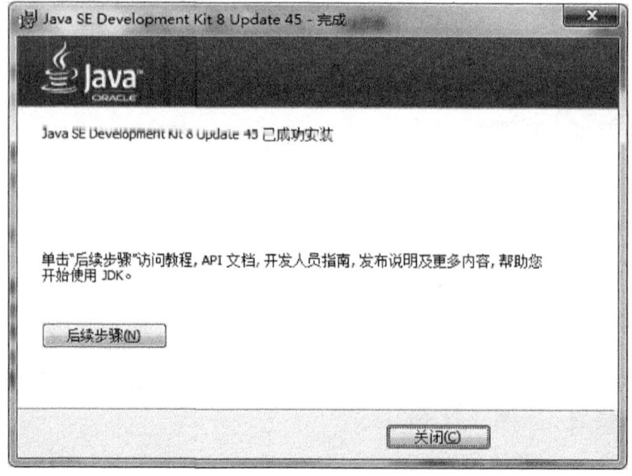

图 1.4 成功安装 Java SE JDK

安装结束后，在指定的JDK安装目录中应该至少包含bin文件夹和jre文件夹。bin文件夹中主要存储了编译器(javac.exe)、调试器(jdb.exe)等开发工具。jre文件夹下存储了JDK专用的jre，其中也有一个bin文件夹，主要存储虚拟机(java.exe和javaw.exe)、Java Web Start(javaws.exe)等运行工具。

1.2 实验1 配置JDK环境变量

【实验目的】

(1) 学习Windows系统中设置JDK环境变量的方法。

(2) 熟悉Java程序运行环境。

【实验内容】

在Windows系统的环境变量中设置JDK的运行路径。

【实现步骤】

JDK安装完成以后，为了在DOS命令提示符窗口中的任何路径下都能访问编译器和虚拟机，还需要设置一下环境变量。

(1) 右击"计算机"图标，选择"属性"命令，在"控制面板"→"系统和安全"→"系统"中单击"高级系统设置"按钮，在弹出的"系统属性"窗口中，单击"高级"选项卡，单击最下面的"环境变量"按钮，弹出环境变量编辑窗口。

(2) 在系统变量面板中单击"新建"按钮，在弹出的对话框中的"变量名"文本框中输入JAVA_HOME，在"变量值"文本框中输入JDK的安装目录，如图1.5所示，单击"确定"按钮完成设置。

图1.5 设置环境变量JAVA_HOME

(3) 设置完JAVA_HOME环境变量后，单击系统变量中的Path变量，然后单击"编辑"按钮，在弹出的对话框中的变量值最前面加入"%JAVA_HOME%\bin;"，如图1.6所示，单击"确定"按钮即可把JDK中的bin目录加入到Path中，并与原有路径用分号隔开。

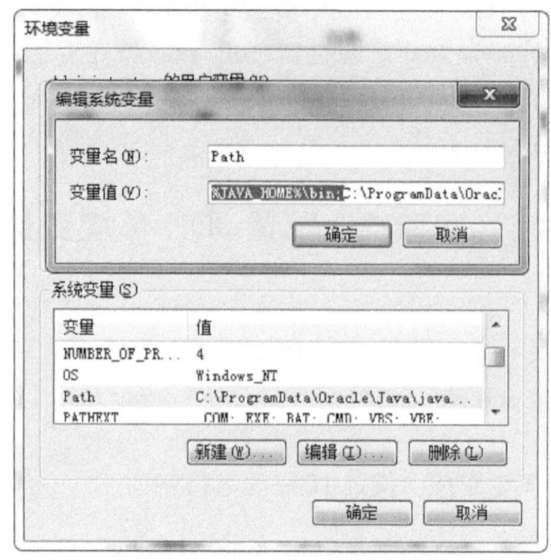

图 1.6 设置环境变量 Path

此外，与 Java 有关的环境变量还有 CLASSPATH 变量，含义是指定编译器和虚拟机寻找需要的类库的位置。如果没有指定 CLASSPATH 变量，编译器和虚拟机则仅仅寻找两个位置：一个是当前工作的目录；另一个是 JDK 核心类库 rt.jar(在 jre\lib 目录中)。因此，如果程序使用了第三方类库，就需要设置 CLASSPATH 变量的值。

(4) 至此，环境变量设置完毕，可以通过在 DOS 命令提示符窗口中输入“javac”命令来检查环境变量配置是否成功，如果配置成功，则可看到如图 1.7 所示结果。

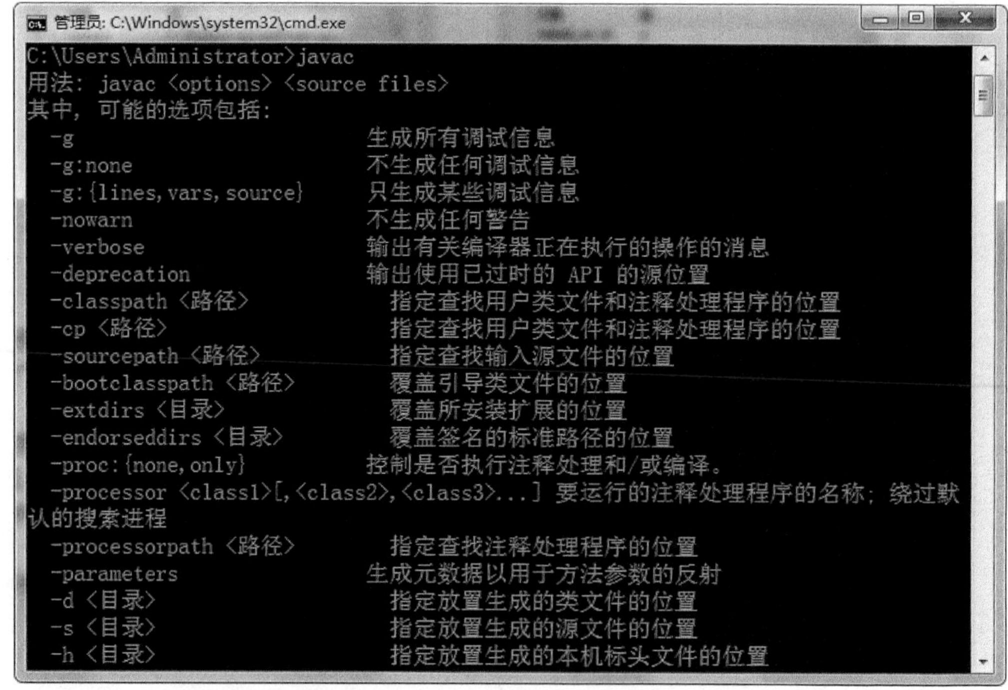

图 1.7 javac 命令的相关使用语法

环境变量配置成功，即可在任何目录下访问虚拟机和编译器，通过 javac 和 java 命令编译和执行相应程序。

1.3 实验 2 使用文本编辑器编写 Java 程序

【实验目的】

(1) 熟悉 JDK 工作环境。

(2) 学习在 DOS 环境下编译和运行 Java 应用程序的方法。

【实验内容】

使用任意文本编辑器编辑一个 Java 应用程序，并在 DOS 环境下编译和运行该程序，在命令提示符窗口中输出"你好!"。

【实现步骤】

安装并配置好 JDK 后，可以写一个简单的 Java 应用程序，熟悉一下程序的编译和运行方法。

编译运行一个 Java 程序分为三步：创建 Java 源程序、编译源程序、运行 .class 字节码文件。

(1) 使用 Windows 系统的"记事本"程序或其他文本编辑器(如 UltraEdit)建立一个文档，命名为 HelloWorld.java，打开文件，编辑内容如下：

```
public class HelloWorld{
    public static void main(String[ ] args){
        System.out.println("你好!");
    }
}
```

文件编辑完成后，保存到任意目录(以 C:\ 为例)，这就是 Java 源程序文件。

(2) 单击"开始"→"运行"命令，在"运行"对话框中输入 cmd，单击"确定"按钮后，进入命令提示符窗口(或直接启动命令提示符)。利用 cd 命令，切换到源程序所在目录(本例中运行"cd \"切换到 C 盘根目录)，然后输入编译命令："javac HelloWorld.java"，如图 1.8 所示。

图 1.8 编译 HelloWorld.java

该语句会调用 JDK 路径中 bin 文件夹下面的 javac.exe，对 HelloWorld.java 进行编译。

注意：输入编译命令后，如果提示为"'javac'不是内部或外部命令，也不是可执行的程序或批处理文件"，说明环境变量设置有误，应检查 Path 和 JAVA_HOME 是否指定了正确的路径。

如果提示为"类 HelloWorld 是公共的,应该在名为 HelloWorld.java 的文件中声明",则说明文件名与源程序中的类名不符,应将二者统一。

(3) 如果编译命令执行后,没有任何提示,则说明程序被顺利编译。在当前目录下会生成一个 HelloWorld.class 的可供虚拟机解释运行的字节码文件(扩展名为.class),输入命令"java HelloWorld"执行程序,如图 1.9 所示。

图 1.9 运行 HelloWorld

程序运行后会在屏幕上显示运行结果,如图 1.10 所示。

图 1.10 HelloWorld.class 运行结果

注意:输入运行命令后,如果提示为"'java'不是内部或外部命令,也不是可执行的程序或批处理文件",同样说明环境变量设置有误,系统找不到 java.exe 的位置,应检查 Path 和 JAVA_HOME 是否指定了正确的路径。

如果提示为"Exception in thread "main" java.lang.NoClassDefFoundError……",则说明键入的类名不符。应注意类名中字母的大小写问题,并且注意运行程序时输入的类名不要加上".class"扩展名。初学者运行 Java 程序时可能会遇到很多问题,提示错误信息(称为"异常"),此时需要根据提示,认真检查,找到问题所在。

1.4 实验 3 一个计算器的简单实现

【实验目的】

(1) 初步了解面向对象的编程思想。

(2) 初步了解封装思想中属性、方法的概念。

(3) 区分面向对象与面向过程两种编程思想的不同。

【实验内容】

(1) 使用面向过程的编程思想,实现一个简单的计算器,要求具备加、减、乘、除功能。

(2) 使用面向对象的编程思想,实现一个简单的计算器,要求具备加、减、乘、除功能。

【实现步骤】

1. 使用面向过程的编程思想实现简单计算器

(1) 打开文本编辑器,按如下代码输入 FirstCalculator.java 源程序,保存至某目录下

(如 D:\)。

```
public class FirstCalculator {
    public static void main(String[ ] args) {
        int num1 = 6;
        int num2 = 3;
        System.out.println(num1 + "加" + num2 + "的结果为" + (num1 + num2));
        System.out.println(num1 + "减" + num2 + "的结果为" + (num1 - num2));
        System.out.println(num1 + "乘" + num2 + "的结果为" + (num1 * num2));
        System.out.println(num1 + "除" + num2 + "的结果为" + (num1 / num2));
    }
}
```

(2) 保存源程序后,编译该程序,生成 FirstCalculator.class 字节码文件,并运行该类,执行命令和运行结果如图 1.11 所示。

```
6加3的结果为9
6减3的结果为3
6乘3的结果为18
6除3的结果为2
```

图 1.11 FirstCalculator.class 运行结果

【程序解析】

该程序得到了预期的结果,虽然代码量并不大,但该程序采用面向过程方法,以过程为中心,首先定义操作数,然后依次进行加减乘除运算,按照预先设计的步骤一步一步实现。程序中既包含了操作数和算法的定义,又包含了 main 方法(程序执行入口)。

该思想存在以下两个问题:

- 如果此时再次进行加法运算,则还需书写一遍加法的算法代码。
- 如果有多个用户同时使用该计算器,那么操作数应如何定义?加减乘除算法代码该为哪个用户执行?

2. 使用面向对象的编程思想实现简单计算器

(1) 打开文本编辑器,按如下代码输入 SecondCalculator.java 源程序,保存至某目录下(如 D:\)。

```
public class SecondCalculator {
    //定义属性
    private int num1;
    private int num2;
    private int result;

    //定义方法
    public void setNum1(int num1) {
        this.num1 = num1;
    }
    public void setNum2(int num2) {
```

```
        this.num2 = num2;
    }
    public int getResult() {
        return this.result;
    }
    public void add() {
        this.result = this.num1 + this.num2;
    }
    public void sub() {
        this.result = this.num1 - this.num2;
    }
    public void multiply() {
        this.result = this.num1 * this.num2;
    }
    public void divide() {
        this.result = this.num1 / this.num2;
    }
}
```

【程序解析】

该程序采用面向对象的思想以计算器为中心，把构成计算器的特性和行为分解成各个属性和方法。使用 private 关键词私有化了 3 个属性：操作数 num1、操作数 num2 和计算结果 result。同时描述了计算器在整个业务领域的功能(行为)，即设置操作数 setNum1()和 setNum2()方法、返回计算结果 getResult()、加法操作 add()、减法操作 sub()、乘法操作 multiply()和除法操作 divide()。这一过程称为“封装”。

值得注意的是，该程序中并不包含 main 方法。可见，面向对象的思想重点在于对事物属性和方法的抽象，而不是研究程序执行的步骤。

(2) 再打开文本编辑器，按如下代码输入 Test.java 源程序，保存至 SecondCalculator.java 源程序同一目录下(如 D:\)。

```
public class Test {
    public static void main(String[] args) {
        SecondCalculator cal = new SecondCalculator();
        cal.setNum1(6);
        cal.setNum2(3);
        cal.add();
        System.out.println("计算结果为" + cal.getResult());
    }
}
```

【程序解析】

Test 类含有 main 方法，用于决定程序的运行步骤：首先实例化一个计算器类 SecondCalculator 类型的对象 cal，接着使用该对象调用 setNum1()和 setNum2()方法，设置两个操作数的值，然后调用 add()方法，完成加法运算，最后调用 getResult()方法返回计算结果。

保存源程序后，编译该程序，运行 Test 类，执行命令和运行结果如图 1.12 所示。

```
计算结果为9
```

图 1.12 Test.class 运行结果

(3) 打开文本编辑器,按如下代码修改 Test.java 源程序。

```
public class Test {
    public static void main(String[] args) {
        SecondCalculator cal = new SecondCalculator();
        cal.setNum1(6);
        cal.setNum2(3);
        cal.add();
        System.out.println("计算结果为" + cal.getResult());
        //以下为增加的部分
        SecondCalculator cal2 = new SecondCalculator();
        cal2.setNum1(1);
        cal2.setNum2(2);
        cal2.add();
        System.out.println("计算结果为" + cal2.getResult());
    }
}
```

重新编译运行 Test 类,结果如图 1.13 所示。

```
计算结果为9
计算结果为3
```

图 1.13 修改后的 Test.class 运行结果

【程序解析】

代码中增加的部分,体现出面向对象思想编程的优势,即可以通过实例化不同的计算器对象供多个用户使用,不同计算器对象设置各自的操作数进行计算处理,看起来是重复调用 add()方法,但却是不同对象的执行结果。

1.5 课外练习

1. 使用面向对象的编程思想,编写 Java 源程序求长方形的周长和面积。

2. 学习使用 Java API 的说明文档。查阅 Java API 的说明文档是查询 Java 核心类库的一种最常用的方法。

CHAPTER 2

第2章

Java 语言基础

本章实验练习 Java 基础，包括标识符、关键字与保留字、变量与常量、数据类型、操作符、类与对象、成员变量与成员方法、对象创建与构造方法、this 关键字、方法重载和访问修饰符等知识点。

2.1 预备知识

2.1.1 Java 程序的基本要素

1. 标识符

用于标识变量、方法、类、对象和包的名称。

1）标识符的命名规则

标识符是以字母、下划线或美元符（$）开头，由字母、数字、下划线或美元符（$）组成的字符串。标识符区分大小写，长度没有限制。关键字和保留字不能作为用户自定义的标识符。

2）标识符的命名规范

在 Java 语言中，对变量、方法、类、对象和包有不同的命名规范：

- 变量名、方法名或对象名可以由一个或多个英文单词构成，其中第一个单词的首字母必须是小写，其他单词的首字母必须是大写，其他字母均为小写。如果名称仅有一个单词，就均为小写字母。例如，变量名 stuName、方法名 setAge()。
- 变量名或对象名一般以名词命名，而方法名一般以动词开始，表示一种行为。方法名称常见以 set（设置值）、get（获取值）开始，如果返回值类型是布尔型，则方法名以 is 开始，例如 getBirthday()、isClosed()。
- 类名可以由一个或多个英文单词构成，每个单词的首字母必须是大写，其他字母为小写，例如 Calculator、HelloWorld。
- 包名要有层次关系，各层之间以点分隔，所有字母均为小写，例如 com.mycompany.project。

2. 关键字与保留字

Java 的关键字对 Java 的编译器有特殊的意义，它们用来表示一种数据类型，或者表示程序的结构等。保留字是为 Java 预留的关键字，它们虽然现在没有作为关键字，但在以后的升级版本中有可能作为关键字使用，因此不能使用关键字和保留字来自定义标识符。

1) 关键字(依字母排序，共 51 组)

abstract，assert，boolean，break，byte，case，catch，char，class，const，continue，default，do，double，else，enum，extends，final，finally，float，for，if，implements，import，instanceof，int，interface，long，native，new，package，private，protected，public，return，short，static，strictfp，super，switch，synchronized，this，throw，throws，transient，try，void，volatile，while

2) 保留字(依字母排序共 14 组)

byValue，cast，false，future，generic，inner，operator，outer，rest，true，var，goto，const，null

3. 变量与常量

变量是指其值可以改变的量，通常用标识符来表示。常量是一个具体的基本数据类型值或字符串，通过使用关键字 final 修饰来代表常量。

final 关键字还有其他的作用：

- 用 final 修饰的类不能被继承。
- 用 final 修饰的方法不能被重写。
- 如果对象已申明为 final，对该对象的引用则不能更改，但它的属性值可以更改。

4. 数据类型

1) 基本数据类型

Java 支持的基本数据类型，与 C 语言的对比如表 2.1 所示，其中主要区别见阴影部分。

表 2.1 Java 语言与 C 语言基本数据类型对比

C 语言				Java 语言			
类型		类型标识	字节	类型		类型标识	字节
整型				整型	byte	[signed]	1
	short	[signed]	2		short		2
		unsigned	2				
	int	[signed]	2 或 4		int		4
		unsigned	2 或 4				
	long	[signed]	4		long		8
		unsigned	4				
浮点型	float		4	浮点型	float		4
	double		8		double		8
字符型	char	[signed] char	1	字符型	char	[unsigned]	2
		[unsigned] char	1				
				布尔型	boolean	[signed]	1bit

整型、实型、字符型数据可以混合运算。运算时，不同类型的数据先要转换为同一类型然后再运算。对于表示数字的几种数据类型，在下面序列中可以将任意类型的值自动转换为箭头方向出现的类型：

byte→short→int→long→float→double

但当表示位数多的类型向表示位数少的类型转换时，需要强制类型转换：var2 = (Type_Name)var1，但是强制类型转换可能会导致溢出或精度的下降。基本数据类型之间的强制类型转换经常发生在以下两种情形：

- char 转换为 int 类型时，取 char 的 Unicode 表示。
- double 转换为 int 类型时，数值中小数点后面的部分被丢弃了，而不是被四舍五入。

2）包装类

Java 为每个基本数据类型都提供了包装类，这样便可以把这些基本数据类型转化为对象来处理。java.lang 包中提供了每个基本数据类型对应的包装类，如表 2.2 所示。

表 2.2 基本数据类型对应的包装类

基本数据类型	包 装 类	基本数据类型	包 装 类
boolean	Boolean	int	Integer
byte	Byte	long	Long
char	Character	float	Float
short	Short	double	Double

5. 操作符

Java 中的操作符主要包括算术运算符、关系运算符、逻辑运算符、条件运算符等。当使用多个操作符进行复杂运算时，应遵循操作符的优先级，如表 2.3 所示。

表 2.3 Java 操作符优先级

<table>
<tr><th>操作符类型</th><th>操 作 符</th><th>操作符类型</th><th>操 作 符</th></tr>
<tr><td>括号</td><td>()、[]</td><td>逻辑、位操作符</td><td>&&、||、&、|、^</td></tr>
<tr><td>一元操作符</td><td>+、-、++、--</td><td>条件操作符</td><td>A > B ? X : Y</td></tr>
<tr><td>算术操作符</td><td>*、/、%、+、-</td><td>赋值操作符</td><td>=、*=、/=、+=、-=</td></tr>
<tr><td>关系操作符</td><td>>、<、>=、<=、==、!=</td><td></td><td></td></tr>
</table>

2.1.2 Java 程序的基本结构

1. 类与对象

类是 Java 程序的基本组织结构，程序结构以“类”为基础，定义一个类时要使用 class 关键字。一个源文件中可能包含多个类，其中最多有一个公共类。类是对相似的事物描述，是抽象的、概念上的定义；对象是实际存在的该类事物的每个个体，也称实例。程序一般是依赖创建类的实例来驱动运行的。

2. 包

为了更好地组织类，Java 提供了包机制。包是类的容器，用于分隔类名空间。使用 package 指明源文件中的类所属的具体的包，使用 import 关键字引用某个包中的某个类（或所有类）。包有助于避免命名冲突。在使用类时，类的名称很难决定，有时在命名时不可以与其他类名同名。包机制能够在一定程度上设置其内部的类、属性和方法的对外可见度。

3. 成员变量与成员方法

类封装与该类有关的数据以及操作这些数据的方法，各种各样的类有机地结合在一起，便构成了 Java 程序。类中封装的数据，叫做该类的属性或者成员变量；类中封装的操作数据的行为，叫做该类的方法或者成员方法。

成员变量又分为类变量和实例变量。使用 static 修饰的成员变量，称为类变量或静态变量，这种变量定义的是整个类的共有属性，该类所有对象共享这个变量。没有 static 修饰的成员变量，称为实例变量或非静态变量，实例变量在类的每个对象中都有一份自己的副本。对某个对象实例变量的修改不会影响到该类的其他对象，而对类变量的修改却会影响到同类的所有对象。

4. 对象的创建与构造方法

要使用一个类时，大多数情况下需要创建一个该类的对象，这个创建过程叫做对象的实例化过程或初始化过程。使用 new 关键字就可以完成对象的创建，在创建过程中会自动调用构造方法。构造方法的主要作用就是初始化对象的实例变量。

构造方法是类中特殊的方法，构造方法在类中定义，并在对象被创建时所调用的方法，该方法的名称与类名相同，不需要指定返回值，也不需要使用 return 返回。构造方法分为有参构造方法和无参构造方法。当一个类中没有书写任何构造方法时，系统会默认提供一个无参的构造方法。

Java 把内存划分成两种：一种是栈内存；另一种是堆内存。方法中定义的一些基本类型的变量和对象的引用变量都是在方法的栈内存中分配。堆内存用来存放由 new 创建的对象和数组，在堆中分配的内存，由 Java 虚拟机的自动垃圾回收器来管理。

对象的创建过程要完成以下几项工作：

(1) 在栈内存中为对象动态地分配一个引用空间。

(2) 调用构造方法初始化该对象，在堆内存中分配空间。

(3) 将该对象在堆内存中的内存地址返回，存储在该对象在栈内存的引用空间中。

5. this 关键字

在对实例成员访问时，必须有一个对象名作为引用。this 关键字代表对当前对象的引用。以下情况下常常会使用 this 关键字：

- 在一个方法中，如果方法的参数或局部变量与类的某个成员变量同名，如果想要访问这个类成员变量，则应使用 this 关键字，否则将引用该方法的参数或局部变量。
- 如果想要将当前对象作为参数传递给其他方法时，应使用 this 关键字。

6. 方法重载

方法重载是让类以统一的方式处理不同类型数据的一种手段。Java 的方法重载，就是在类中可以创建多个方法，它们具有相同的名字，但具有不同的参数和不同的定义。调用方法时通过传递给它们的不同个数和类型的参数来决定具体使用哪个方法，这是多态性的一种方式。方法发生重载的要求有以下几点：

- 发生在同一个类中。
- 方法名称相同。
- 参数列表不同。
- 返回类型可以相同或不同。
- 构造方法或成员方法均可能发生重载。

2.1.3 访问修饰符

访问修饰符的作用是说明被声明的内容（类、属性、方法）的访问权限。通过访问修饰符把类中将被其他类调用的内容开放出来，而把不希望别人调用的内容隐藏起来。在 Java 语言中访问修饰符有 4 种：public、private、protected 及无修饰符。

访问修饰符与访问权限之间的关系如表 2.4 所示。

表 2.4 各种访问修饰符的比较

类　　型	private	默认	protected	public
同一类中	可访问	可访问	可访问	可访问
同一包中的类	不可访问	可访问	可访问	可访问
不同包中的子类	不可访问	不可访问	可访问	可访问
不同包中非子类	不可访问	不可访问	不可访问	可访问

2.2 实验 1 类和对象的创建及使用

【实验目的】

(1) 理解类的定义。

(2) 掌握对象的创建。

(3) 学会使用类的成员变量和成员方法。

【实验内容】

编写一个圆类 Circle，其中包含一个成员变量为半径 radius，该属性可以通过 setRadius() 方法设置。另外，该类还可以计算圆的面积 area，并返回该值。

【实现步骤】

(1) 打开文本编辑器，按如下代码输入 Circle.java 源程序，保存至某目录下（如 D:\）。

```
public class Circle {
    public double radius;
```

```
    public void setRadius(double r) {
        radius = r;
    }
    public double getArea() {
        return radius * radius * 3.14;
    }
}
```

(2) 打开文本编辑器，按如下代码输入 Test.java 源程序，保存至 Circle.java 所在目录下(如 D:\)。

```
public class Test {
    public static void main(String[ ] args) {
        Circle c1 = new Circle();
        c1.setRadius(2);
        System.out.println("第一个圆的半径是" + c1.radius + ",面积是" + c1.getArea());

        Circle c2 = new Circle();
        c2.setRadius(3);
        System.out.println("第二个圆的面积是" + c2.radius + ",面积是" + c2.getArea());
    }
}
```

编译后，运行 Test 类，运行结果如图 2.1 所示。

```
第一个圆的半径是2.0，面积是12.56
第二个圆的面积是3.0，面积是28.26
```

图 2.1 类和对象的创建及使用运行结果

【程序解析】

该实验证明，使用同一个 Circle 类，可以创建两个不同的圆对象，半径不同，计算的面积也不同。但存在一个问题，Test 类中不但能够直接访问 Circle 类中的成员方法，还能够直接访问 Circle 类的成员变量，这种做法是十分不安全的。一般情况下，一个类的成员变量应只在其内部使用，具体做法见实验 2。

2.3 实验 2 使用访问修饰符

【实验目的】

(1) 理解封装的含义。

(2) 掌握访问修饰符的使用。

【实验内容】

在实验 1 的基础上，将 Circle 类的 radius 属性私有化，封装在其内部，外界不能直接访问该属性，只能通过 getRadius()方法获取 radius 的值。

【实现步骤】

(1) 修改 Circle.java 源程序，代码如下：

```
public class Circle {
    private double radius;

    public void setRadius(double r) {
        radius = r;
    }
    public double getRadius() {
        return radius;
    }
    public double getArea() {
        return radius * radius * 3.14;
    }
}
```

(2) 重新编译原来的 Test 类,会出现如图 2.2 所示的错误内容。

```
Test.java:5: radius 可以在Circle中访问private
            System.out.println("第一个圆的半径是" + c1.radius + ", 面积是" +
c1.getArea());
Test.java:9: radius 可以在Circle中访问private
            System.out.println("第一个圆的半径是" + c2.radius + ", 面积是" +
c2.getArea());
2 错误
```

图 2.2 将属性私有化后编译 Test 类出错

【程序解析】

出现该错误的原因是 radius 属性经过 private 修饰后,仅能在 Circle 类内部使用,不能被 Test 类直接访问。

(3) 修改 Test.java 源程序,代码如下:

```
public class Test {
    public static void main(String[ ] args) {
        Circle c1 = new Circle();
        c1.setRadius(2);
        System.out.println("第一个圆的半径是" + c1.getRadius() + ",面积是" + c1.getArea());
        Circle c2 = new Circle();
        c2.setRadius(3);
        System.out.println("第二个圆的面积是" + c2.getRadius() + ",面积是" + c2.getArea());
    }
}
```

【程序解析】

此时,Test 类通过公有的 getRadius()方法获取 radius 的值,此时再重新 Test 类会发现不再提示错误,并能顺利执行。

2.4 实验3 类的静态成员和final关键字

【实验目的】

(1) 掌握静态成员与实例成员的区别。

(2) 学会使用类的静态成员。

(3) 学会使用 final 关键字。

【实验内容】

在实验2的基础上,在 Circle 类中将圆面积计算公式中的 π 定义为静态常量,增加一个静态成员变量表示圆的数量 count,一个静态方法用于增加圆的数量,一个实例方法用于返回圆的数量,体会静态成员与实例成员使用方法的区别。

【实现步骤】

(1) 修改 Circle.java 源程序,代码如下:

```
public class Circle {
    private double radius;
    private final static double PI = 3.14;
    private static int count;

    public void setRadius(double r) {
        radius = r;
    }
    public double getRadius() {
        return radius;
    }
    public double getArea() {
        return radius * radius * PI;
    }
    public static void increase() {
        count++;
    }
    public int getCount() {
        return count;
    }
}
```

(2) 修改 Test.java 源程序,代码如下:

```
public class Test {
    public static void main(String[ ] args) {
        Circle c1 = new Circle();
        Circle.increase();
        c1.setRadius(2);
        System.out.println("第一个圆的半径是" + c1.getRadius() + ",面积是" + c1.getArea());
        System.out.println("此时圆的数量为" + c1.getCount());

        Circle c2 = new Circle();
        Circle.increase();
```

```
            c2.setRadius(3);
            System.out.println("第二个圆的面积是" + c2.getRadius() + ",面积是" + c2.getArea());
            System.out.println("此时圆的数量为" + c2.getCount());
        }
    }
```

编译后,运行 Test 类,运行结果如图 2.3 所示。

```
第一个圆的半径是2.0，面积是12.56
此时圆的数量是1
第一个圆的半径是3.0，面积是28.26
此时圆的数量是2
```

图 2.3 静态成员和 final 关键字的使用

2.5 实验 4 使用构造方法实现对象的初始化

【实验目的】

(1) 使用构造方法初始化对象。

(2) 理解方法重载。

【实验内容】

在实验 3 的基础上,在 Circle 类中增加一个无参的构造方法和一个有参的构造方法,用于修改圆的数量 count 值。创建对象时,调用不同的构造方法,体会方法重载。

【实现步骤】

(1) 修改 Circle.java 源程序,代码如下:

```
public class Circle {
    private double radius;
    private final static double PI = 3.14;
    private static int count;

    public Circle() {
        count++;
    }
    public Circle(double r) {
        radius = r;
        count++;
    }
    public void setRadius(double r) {
        radius = r;
    }
    public double getRadius() {
        return radius;
    }
    public double getArea() {
        return radius * radius * PI;
    }
```

```
    /* public static void increase() {
        count++;
    } */
    public int getCount() {
        return count;
    }
}
```

(2) 修改 Test.java 源程序,代码如下:

```
public class Test {
    public static void main(String[ ] args) {
        Circle c1 = new Circle();
        /* Circle.increase(); */
        c1.setRadius(2);
        System.out.println("第一个圆的半径是" + c1.getRadius() + ",面积是" + c1.getArea());
        System.out.println("此时圆的数量为" + c1.getCount());

        Circle c2 = new Circle(3);
        /* Circle.increase(); */
        c2.setRadius(3);
        System.out.println("第二个圆的面积是" + c2.getRadius() + ",面积是" + c2.getArea());
        System.out.println("此时圆的数量为" + c2.getCount());
    }
}
```

2.6 实验 5 变量作用域和 this 关键字

【实验目的】

(1) 理解变量的作用域。

(2) 掌握成员变量和局部变量的区别。

(3) 学会使用 this 关键字。

【实验内容】

在实验 4 的 Circle 类中,既有类的成员变量,又有方法中的局部变量,使用 this 关键字标识成员变量。仔细体会这些变量的差异及其用法。

【实现步骤】

(1) 修改 Circle.java 源程序,代码如下:

```
public class Circle {
    private double radius;
    private final static double PI = 3.14;
    private static int count;

    public Circle() {
        this.count++;
    }
    public Circle(double r) {
```

```
        this.radius = r;
        count++;
    }
    public void setRadius(double r) {
        this.radius = r;
    }
    public double getRadius() {
        return this.radius;
    }
    public double getArea() {
        return this.radius * this.radius * PI;
    }
    public int getCount() {
        return this.count;
    }
}
```

【程序解析】

程序中使用 this 关键字引用当前对象的成员变量,不同对象的 this 引用值不同。

一般情况下,方法中将参数的值赋给成员变量,该参数通常命名为与成员变量相同。此时,必须通过 this 关键字来区分,否则 radius=radius,这两个变量都是参数本身。

(2) 修改 Circle.java 源程序,代码如下:

```
public class Circle {
    private double radius;
    private final static double PI = 3.14;
    private static int count;

    public Circle() {
        this.count++;
    }
    public Circle(double radius) {
        this.radius = radius;
        count++;
    }
    public void setRadius(double radius) {
        this.radius = radius;
    }
    public double getRadius() {
        return this.radius;
    }
    public double getArea() {
        return this.radius * this.radius * PI;
    }
    public int getCount() {
        return this.count;
    }
}
```

2.7 课外练习

1. 编写一个长方形 Rectangle 类，封装长和宽两个数据成员，创建这些属性的 set 和 get 方法，通过有参与无参构造方法来完成对象的初始化，以及计算长方形周长和面积的方法。在测试类中，创建对象并调用相应方法。

提示：定义长和宽的数据类型可考虑使用包装类，自学基本数据类型与包装类在使用方法和效果上的区别。

2. 编写程序，模拟录入并输出学生信息的功能。假设学生具有学号、姓名、生日、系别等信息。在设置学生信息时，如果发现学生的年龄非法（当前日期－生日＜0或当前日期－生日＞30），给出错误提示。输出结果除了包含学生信息，还输出已录入学生的人数。

提示：日期类型使用 java.util.Date 类，具体用法参阅 API 文档。

CHAPTER 3

第3章 程序的流程控制和数组

程序的流程就是程序执行的过程,程序语句执行的先后顺序;流程控制就是控制程序语句的执行,使得程序可以按照编程人员的设计思路执行。Java程序的基本流程控制主要有3类:顺序结构、选择结构和循环结构。顺序结构中程序语句按照顺序执行,前面的代码先执行完,后面的代码再执行,没有专门的控制语句。本章重点关注选择结构、循环结构语句。此外,结合循环结构,讨论数组的定义、声明、创建、初始化和访问。

3.1 预备知识

3.1.1 选择结构

选择结构就是要选择不同的分支语句来执行,这就需要条件的控制,程序的流程会根据条件的不同流向不同的分支。控制条件可以看作是分支的控制开关,条件满足,开关会自动打开,每个分支都有相应的控制条件。

1. if语句

if语句有以下三种基本格式:单分支if语句、双分支if-else语句和多分支if-else-if语句。

1) 单分支if语句

```
if (条件表达式) {
    语句块;
}
```

当条件表达式返回结果为true时,执行语句块,否则什么都不执行。

2) 双分支if-else语句

```
if (条件表达式) {
    语句块 A;
} else {
    语句块 B;
}
```

当条件表达式返回结果为 true 时，执行语句块 A，否则执行语句块 B。

3）多分支 if-else-if 语句

```
if (条件表达式 1) {
   语句块 A;
} else if (条件表达式 2) {
   语句块 B;
} else if (条件表达式 3) {
   语句块 C;
}…
```

当条件表达式 1 返回 true 时，执行语句块 A；否则当条件表达式 2 返回 true 时，执行语句块 B；否则当条件表达式 3 返回 true 时，执行语句块 C……但是只有第一次条件表达式为 true 时对应的语句块会被执行。当控制条件很多时，使用这种方式就不方便了，需要改造成另一种条件控制语句，就是 switch-case。

2. switch 语句

switch 语句是根据表达式的值，选择执行多个语句块中的一个。此时表达式的值不能是 boolean 类型，而只能是 byte、char、short 或 int 类型。

```
switch (表达式) {
    case 常量表达式 1: 语句块 A; break;
    case 常量表达式 2: 语句块 B; break;
    case 常量表达式 3: 语句块 C; break;
    …
    default : 语句块 N;
}
```

当表达式的值满足 case 后面相应常量表达式的值时，会执行其后面对应的语句块。在使用 switch-case 时需要注意以下几点：

- 表达式的值只可以转换成 int 类型的类型或枚举常量，常用的是 byte、char、short 和 int 类型，不可以是 String 类型，这和 C# 不同；
- 语句块后面如果不使用 break，程序将会从此语句块开始往后执行，直到遇见 break 或 switch 结束，而不管 case 后面的常量表达式是不是匹配，所以一般语句块后面都需要加上 break；
- default 的作用是默认分支，当以上常量表达式都不匹配时，执行其后的语句块，也可以不使用，其位置可以放在前面，也可以放在后面。

3. 选择结构的嵌套

上面介绍的几种条件语句都可以相互嵌套使用，选择结构的嵌套是指在条件控制语句的语句块中又包含了条件控制语句，常见的嵌套形式如下：

```
if (表达式 1) {
    if (表达式 11){
        语句块 A;
    }else {
```

```
        语句块 B;
    }
}else {
    if (表达式 21) {
        语句块 C;
    }else {
        语句块 D;
    }
}
```

选择结构的嵌套和多分支 if-else-if 不同，选择嵌套的条件是不同级别的，当外层条件满足后才能进入内层，继续判断内层的条件，如果满足，则执行相应的语句块，语句块中可以继续嵌套 if 控制语句。

if 语句之间，if 语句和 switch 语句，以及 switch 语句和 switch 语句之间都可以相互嵌套，以便完成复杂的程序流程控制。如下面的 switch 语句和 if 语句的嵌套形式：

```
switch(表达式){
    case 常量表达式:  if(条件表达式){
                        语句块 A;
                     }else{
                        语句块 B;
                     }
                     break;
    case 常量表达式:  语句块 C; break;
    …
}
```

选择结构的嵌套使得程序流程控制更加灵活多变，但是随之而来的问题也增加了，在使用选择结构的嵌套时需要注意以下几点：

- 养成良好的代码书写习惯，保持代码缩进，以提高代码的可阅读性；
- 在不需要嵌套也可以实现流程控制情况下，尽量不使用嵌套，如果使用一定要理清思路，不要出现逻辑漏洞；
- 嵌套时注意 if-else 的对应关系，else 总是与离它最近的 if 匹配，else 不能单独出现，建议使用{}将代码语句组成语句块。

3.1.2 循环结构

相比选择结构的选择执行分支代码块，循环结构的作用是重复执行一段代码块，直到满足循环终止条件。实现循环结构的循环控制语句有 3 种：for 语句、while 语句和 do-while 语句。另外还有一种增强型的循环，for/in 循环，是在 Java 5.0 提出的一个比较方便的特性，使得遍历数组和集合更加简单，

对于一个循环结构，一般应包括四个基本构成部分：初始化部分、循环条件判断部分、循环体部分和循环条件迭代部分(循环条件的增或减)。上面所提到的 3 种循环控制语句，都有这 4 个基本部分，只不过它们的组织方式不同，因此 3 种循环语句也是可以相互转换的。

1. for 循环

for 循环经常用在已知循环次数的情况下，当然这不是固定的，它是一种比较标准的循环控制语句，一般形式如下：

```
for (初始化部分; 循环条件判断部分; 循环条件迭代部分){
        循环体部分;
}
```

for 循环语句的执行顺序是：首先执行“初始化部分”；然后检验“循环条件判断部分”；如果判断的结果是 true，则执行“循环体部分”；接着执行“循环条件迭代部分”；随后再检验“循环条件判断部分”，如果判断的结果是 true，则继续执行“循环体部分”；直到判断结果是 false，结束 for 循环。

上面列出的是 for 循环的最基本形式，也是最常用的形式，但不是固定的，也可以有其他形式。比如，“初始化部分”也可以在写在 for 语句之前，即在循环开始之前就完成了控制条件的初始化工作；“循环条件判断部分”也可以不写，此时循环没有控制部分，将一直执行“循环体部分”，这就是死循环，虽然可以使用 if 和辅助流程控制语句实现跳出循环，但这就失去使用 for 循环的意义了；“循环条件迭代部分”可以写在“循环体部分”之后，也可以与“循环条件判断部分”合并。对于这些变化形式一般不建议使用，如果出现这种情况，可以使用其他循环语句。使用 for 循环需要注意以下几点：

- for 后的 3 个部分都可以省，但括号内的两个分号不能省；
- “初始化部分”和“循环条件迭代部分”可以是多条语句，用逗号分开；
- 循环体是多条语句时，需要用{}组成语句块。

2. while 循环

while 循环经常用在已知循环条件，但不知道需要循环多少次的情况下，这是它与 for 循环的区别所在。while 循环的一般形式如下：

```
初始化部分;
while (循环条件判断部分){
        循环体部分;
        循环条件迭代部分;
}
```

while 循环语句的执行顺序是，先检验“循环条件判断部分”，检验的结果是 true，则执行“循环体部分”和“循环条件迭代部分”；检验的结果是 false，跳出 while 循环。

同 for 循环语句一样，while 循环语句也有变形形式，比如，“初始化部分”和“循环条件判断部分”同时进行；“循环条件迭代部分”与“循环条件判断部分”同时进行等。使用 while 循环需要注意以下几点：

- “初始化部分”和“循环条件迭代部分”不是必需的；
- 当首次检验“循环条件判断部分”就返回 false 时，“循环体部分”将不被执行，这一点区别于 do-while 循环。

3. do-while 循环

do-while 循环的应用场景和 while 循环类似,多用在知道循环的条件,而不知道次数的情况下,但与 while 循环不同的是,do-while 循环不管循环的条件如何,总会执行一次循环体。一般形式如下:

```
初始化部分;
do{
        循环体部分;
        循环条件迭代部分;
}while(循环条件判断部分);
```

do-while 循环语句的执行顺序是,首先执行"循环体部分"和"循环条件迭代部分",然后检验"循环条件判断部分",如果检验的结果是 true,则继续执行"循环体部分"和"循环条件迭代部分";否则跳出 do-while 循环。

do-while 循环和 while 循环比较类似,上面的形式也不是固定的,可以根据具体情况有所变化。使用 do-while 循环需要注意以下几点:

- "初始化部分"和"循环条件迭代部分"不是必需的;
- while(循环条件判断部分)需要以分号结尾,初学者很容易漏掉;
- do-while 循环一般用在"循环体部分"需要初始化的场景下。

4. 循环结构的嵌套

循环结构的嵌套,指的是在一个循环语句的循环体中又包含了另一个循环语句。嵌套的循环在执行过程中,外层循环执行一次,内层循环就要循环到其循环控制条件不满足为止,然后退到外层循环,外层循环条再执行一次,内层循环又循环到其循环控制条件不满足为止,退出到外层循环,如此反复,直到外层循环的循环控制条件也不满足为止。

同种循环语句间可以嵌套,不同的循环语句间也可以相互嵌套,如下面的 for 语句的嵌套、for 与 while 的嵌套:

```
for (初始化部分; 循环条件判断部分; 循环条件迭代部分){
     for (初始化部分; 循环条件判断部分; 循环条件迭代部分){
      循环体部分;
     }
}

for (初始化部分; 循环条件判断部分; 循环条件迭代部分){
      while (循环条件判断部分){
       循环体部分;
     }
}
```

循环结构的嵌套可以处理复杂的流程控制,但是也会让程序变得复杂化,在使用循环嵌套时需要注意以下几点:

- 保持代码的缩进,区分内外层循环;
- 循环嵌套的层次不宜过深,一般最多 2～3 层,过多会影响程序的执行效率;

- 内层循环声明的变量会覆盖外层的同名变量，一般情况各层循环应该使用独立变量作为循环控制条件。

3.1.3 辅助流程控制语句

辅助流程控制语句指的是 break、continue 及 return，使用它们可以改变原有的程序流程。

1. break 语句

前面已经提到 break，可以跳出 switch，除此之外 break 还常用来跳出 for 循环语句，while 循环语句和 do-while 循环语句，去执行紧跟在循环后面的其他语句。另外 break 还可以配合标签使用，而直接跳出标签所指示的代码块。

2. continue 语句

continue 语句常用在 for 循环语句，while 循环语句和 do-while 循环语句中，用以结束本次循环，进入下一次循环，这点是与 break 不同的，它不是跳出循环。continue 语句也可以配合标签使用，用以重新从标签指示的代码块执行，只是标签只能设在 for 之前。

3. return 语句

return 语句的作用是从当前位置返回，其后的代码不再执行。return 后面可以加表达式，也可以不加。return 语句一般放在代码块的最后。

3.1.4 流程控制语句的嵌套

在程序设计过程中，如果是简单的流程控制，用单个控制语句就能够完成；如果是复杂的流程的控制，就需要多个控制语句相互配合，也就是相互嵌套，共同完成。在解决实际问题的过程中，大多数流程控制都是需要多个控制语句，因此熟练掌握与应用流程控制语句的嵌套非常重要，流程控制语句的嵌套也是难点。

流程控制语句的嵌套可以分为选择结构控制语句的嵌套，循环结构控制语句的嵌套和二者的混合嵌套。

3.1.5 数组

1. 数组的定义

数组是由相同类型的相关数据组成的数据结构，存储在连续的内存单元中。

2. 数组的声明

1）一维数组的声明

数组声明时，不需要指明数组的长度。例如：

```
int[] numbers;
```

2）二维数组的声明

二维数组实际上是数组的数组，即每一个元素是一个一维数组。例如：

```
int[][] numbers;
```

3. 数组的创建

当声明一个数组时，并没有为数组分配任何存储空间。只有当创建数组对象的时候才会分配存储空间。数组创建的操作，最直接的方式是使用 new 关键字来实现。

1）一维数组的声明

在上述声明一维数组的基础上，为其分配空间：

```
numbers = new int[3]; //表示该一维数组包含 3 个元素
```

2）二维数组的声明

在上述声明二维数组的基础上，为其分配空间：

```
numbers = new int[3][4];
```

表示该二维数组包含 3 个元素，每个元素（一维数组）各自包含 4 个元素。或者：

```
numbers = new int[3][];
numbers[0] = new int[5];
numbers[1] = new int[3];
numbers[2] = new int[2];
```

表示该二维数组包含 3 个元素，每个元素（一维数组）各自所包含的元素个数不同（分别为 5、3 和 2）。

4. 数组的初始化

在默认情况下，一旦数组被创建，数组中的每个成员都有一个初始值。如果数组是数值型的，成员则初始化为 0；如果数组是布尔型的，成员则初始化为 false；如果数组成员是引用类型的，成员则初始化为 null。

1）声明时初始化

一维数组：

```
int[] numbers = {1, 2, 3};
```

二维数组：

```
int[][] numbers = {{1,2,3},{4,5,6}};
```

2）创建时初始化

一维数组：

```
int[] numbers = new int[]{1, 2, 3};
```

二维数组：

```
int[][] numbers = new int[][]{{1,2,3},{4,5,6}};
```

以下是数组初始化的错误方式：

```
int[ ] numbers; numbers = {1, 2, 3};
int[ ] numbers = new int[3]{1, 2, 3};
int[][] numbers = new int[][]{1,2,3,4,5,6};
int[][] numbers = new int[2][]{{1,2,3},{4,5,6}};
```

5. 访问数组元素

数组元素可以通过数组的下标进行访问。数组下标的取值范围是从0到数组的长度减1之间。其中数组的长度可以通过"数组名.length"来获得。例如：

一维数组：

```
numbers[0] = 1; numbers[1] = 2; numbers[2] = 3;
```

二维数组：

```
numbers[0][0] = 1; numbers[0][1] = 2; numbers[0][2] = 3;
```

3.2 实验1 计算航空旅客行李收费

【实验目的】

(1) 掌握选择结构及其嵌套的使用，能够解决实际问题。

(2) 学会使用命令行参数。

【实验内容】

假设某航空公司要求编写一种可以计算乘客行李收费的算法，具体要求如下：乘客可以免费携带重量不超过30kg的行李，当重量超过时，头等舱内的乘客的超重部分按4元/kg收费，其他舱的乘客的超重部分按6元/kg收费，如果乘客是外国人收费标准增加一倍，如果乘客是残疾人士收费标准降低一半。

【参考代码】

```
public class Charge {
    public static void main(String[ ] args) {
        int weight = 0;                         //行李的重量
        float charge = 0.0f;                    //收取的费用
        int passenger = 0;                      //机舱,0是头等舱,1是其他舱
        int nationality = 0;                    //国别,0是国内,1是国外
        int normal = 0;                         //乘客是否为正常人士,0正常,1残疾

        weight = Integer.parseInt(args[0]);     //命令行参数String类型转换为int型
        passenger = Integer.parseInt(args[1]);
        nationality = Integer.parseInt(args[2]);
        normal = Integer.parseInt(args[3]);
        if(weight<=30){
            charge=0.0f;                        //如果重量不足30kg,免费托运
        }else{
            if(passenger==0){
```

```
                if(nationality == 0){
                    if(normal == 0){              //超重,头等舱,国内,正常乘客的收费标准
                        charge = (weight - 30) * 4;
                    }else {                       //超重,头等舱,国内,残疾乘客的收费标准
                        charge = (weight - 30) * 2;
                    }
                }else{
                    if(normal == 0){              //超重,头等舱,国外,正常乘客的收费标准
                        charge = (weight - 30) * 8;
                    }else{                        //超重,头等舱,国外,残疾乘客的收费标准
                        charge = (weight - 30) * 4;
                    }
                }
            }else{
                if(nationality == 0){
                    if(normal == 0){              //超重,其他舱,国内,正常乘客的收费标准
                        charge = (weight - 30) * 6;
                    }else{                        //超重,其他舱,国内,残疾乘客的收费标准
                        charge = (weight - 30) * 3;
                    }
                }else{
                    if(normal == 0){              //超重,其他舱,国外,正常乘客的收费标准
                        charge = (weight - 30) * 12;
                    }else{                        //超重,其他舱,国外,残疾乘客的收费标准
                        charge = (weight - 30) * 6;
                    }
                }
            }
        }
        System.out.println("Charge is : " + charge);
    }
}
```

程序的运行结果如图 3.1 所示。

```
Charge is : 12.0
```

图 3.1　计算航空旅客行李收费

【程序解析】

该段程序中,关于行李的重量(weight)、机舱舱位(passenger)、国别(nationality)、乘客是否为正常人士(normal)几个变量,此处使用命令行参数(String[] args)对其赋值。在使用 Java 命令执行含有 main 方法的类时,其后可跟随若干参数,这些参数会以 String 类型自动以此赋值数组 args 的每一个元素。使用数组 args 的某个元素值时,可利用对应包装类的静态方法进行类型转换,如将 String 类型转换为 int 型(Integer. parseInt( ))。

该程序算法代码完全是由 if 语句的嵌套实现的,在真正应用环境编写时,这不算是最佳代码,还有其他方式实现,即使是 if 语句嵌套,也不是唯一的形式,这段代码的关键是要清楚选择语句在嵌套时的逻辑关系。当嵌套的层次很深时,如上面的代码所示,程序的执行

效率会有所下降,这就需要改变选择判断的形式;程序的可读性也会下降,这就需要借助其他工具,如判定表和判断树,关于判定表和判断树,请参考软件工程相关书籍。

3.3　实验2　输出九九乘法表

【实验目的】

掌握循环结构及其嵌套的使用,能够解决实际问题。

【实验内容】

设计和实现九九乘法表。

【参考代码】

```
public class Test {
    public static void main(String[ ] args){
        for(int i = 1; i < 10; i++){
            for(int j = 1; j <= i; j++){
                System.out.print(i + "X" + j + "=" + i * j + " ");
            }
            System.out.println();
        }
    }
}
```

程序的运行结果如图3.2所示。

```
1X1=1
2X1=2 2X2=4
3X1=3 3X2=6 3X3=9
4X1=4 4X2=8 4X3=12 4X4=16
5X1=5 5X2=10 5X3=15 5X4=20 5X5=25
6X1=6 6X2=12 6X3=18 6X4=24 6X5=30 6X6=36
7X1=7 7X2=14 7X3=21 7X4=28 7X5=35 7X6=42 7X7=49
8X1=8 8X2=16 8X3=24 8X4=32 8X5=40 8X6=48 8X7=56 8X8=64
9X1=9 9X2=18 9X3=27 9X4=36 9X5=45 9X6=54 9X7=63 9X8=72 9X9=81
```

图3.2　输出九九乘法表

【程序解析】

因为在九九乘法表中,循环的次数都是已知的,所以首先for循环语句。上面的代码是两层for循环的嵌套,外层控制行,从1～9,内层控制列,从1到外层循环的控制变量i,即j的初始化部分是"j=1;",循环控制条件的判断是"j<=i;"。"System.*out*.print(i + "X" + j + "=" + i * j + " ");"构建算式输出,但是没有换行,所以在内层循环完成后,需要再增加一个"System.out.println();",用来输出一个换行。

在循环结构中,循环控制语句的循环控制条件是关键,如果循环控制条件使用不当,会造成意想不到的问题,尤其是用循环在遍历数组和集合元素的时候,如果循环的控制语句不正确，会造成溢出错误或是没有全部遍历。

下面的代码也是实现输出九九乘法表的功能，请读者对比前面的代码，比较两次的不同。

```
public class Test {
    public static void main(String[ ] args){
        for(int i = 9; i >= 0; i--){
            for(int j = 1; j <= i; j++){
                System.out.print(i + "X" + j + "=" + i * j + " ");
            }
            System.out.println();
        }
    }
}
```

这段代码的运行结果如图3.3所示。

```
9X1=9 9X2=18 9X3=27 9X4=36 9X5=45 9X6=54 9X7=63 9X8=72 9X9=81
8X1=8 8X2=16 8X3=24 8X4=32 8X5=40 8X6=48 8X7=56 8X8=64
7X1=7 7X2=14 7X3=21 7X4=28 7X5=35 7X6=42 7X7=49
6X1=6 6X2=12 6X3=18 6X4=24 6X5=30 6X6=36
5X1=5 5X2=10 5X3=15 5X4=20 5X5=25
4X1=4 4X2=8 4X3=12 4X4=16
3X1=3 3X2=6 3X3=9
2X1=2 2X2=4
1X1=1
```

图3.3 重新输出九九乘法表

【程序解析】

两次九九乘法表的不同就在于外层循环的控制条件不同，for(i=1;i<10;i++)是从1～9的循环，每次增1，由于外层循环是控制输出行的，所以它所输出的九九乘法表是从1～9的；for(i=9;i>=0;i--)是从9～1的循环，每次减1，所以它所输出的九九乘法表是从9～1的。

3.4 实验3 输出100以内的质数

【实验目的】

(1) 掌握选择结构和循环结构以及二者的嵌套使用，能够解决实际问题。

(2) 了解和灵活使用continue和break等语句。

【实验内容】

质数又称为素数，指的是只有1和它本身这两个因数的自然数。实验要求输出100以内的所有质数，只需用循环依次检验每个数是否只有1和它本身两个因数即可，因为循环次数已知，所以采用for循环语句；检验一个数是否质数，只需在2到该数平方根之间寻找因数即可，如果找到，则不是质数，否则是质数。

【参考代码】

```
public class Prime {
    public static void main(String[ ] args) {
        int flag = 1;                                        //计数器
        for(int i = 2;i <= 100;i++) {
            // Math.sqrt(i)的返回类型是 double,需要转换成 int 类型
            for(int j = 2;j <= (int)Math.sqrt(i) + 1; j++) {
                if(i == 2) {                                 //2 被默认是质数
                        System.out.print(j + " is a prime\t");
                        continue;
                }
                if(i % j == 0) break;                        //余数为 0 说明不是质数,跳出循环
                if(j >(int)Math.sqrt(i)){
                        if(flag++ % 5 == 0) System.out.println();   //输出 5 个换行
                        System.out.print(i + " is a prime\t");
                }
            }
        }
        System.out.print("\nSummation :" + flag);
    }
}
```

程序运行的结果如图 3.4 所示。

```
2 is a prime    3 is a prime    5 is a prime    7 is a prime    11 is a prime
13 is a prime   17 is a prime   19 is a prime   23 is a prime   29 is a prime
31 is a prime   37 is a prime   41 is a prime   43 is a prime   47 is a prime
53 is a prime   59 is a prime   61 is a prime   67 is a prime   71 is a prime
73 is a prime   79 is a prime   83 is a prime   89 is a prime   97 is a prime
Summation :25
```

图 3.4 输出 100 以内的质数

【程序解析】

上面的程序采用两次循环实现，外层循环用来从 2～100 遍历，内层循环用来寻找因数。外层循环从 2 开始(1 不是质数)，每循环一次，内层循环都要去检验一次，检验从 2 开始，到被检验数的平方根加 1 为止即可，没有必要检验到自身。从 2 到 Math.sqrt(i)+1 之间如果存在 i 的因数，即 i%j==0 值为 true，则 i 不是质数，内存循环不必继续，直接 break 即可；如果内层循环从 2 一直循环到 Math.sqrt(i)+1，即 j> Math.sqrt(i)+1，内层循环结束，都没有找到一个因数，则 i 是质数，直接输出。其中 Math.sqrt()是 Math 类的一个静态方法，用于求一个数的平方根，返回 double 类型的值，在程序中需要强制转换成 int 类型。局部变量 flag 是计数器，用来保存质数的个数，“if(flag++%5==0)System.out.println();”用于输出换行符，每 5 个质数输出在一行。

continue 语句会结束其后的代码，返回标签指定的代码块，与 break 语句不同，请读者

仔细分析。对程序的流程控制需要注意以下几点：

- 使用流程控制语句嵌套时，要理清逻辑关系，当程序的流程比较复杂时可以借助流程图，先把程序的流程确定，再翻译成代码；
- 使用循环语句时，要确定循环语句的控制条件以及循环的起始和结束，即循环的边界问题；
- 当多层循环嵌套时，尽量将长循环放在内层，短循环放在外层。

上面的代码可以实现求质数，但不是唯一形式，读者可以参考该程序写出自己的求解质数的程序。下面的这段代码也实现了求质数的功能，请读者自己解析：

```
public class Prime {
    public static void main(String[ ] args) {
        boolean flag;
        for(int i = 2; i <= 100; i++) {                  //外层循环
            flag = true;
            for(int j = 2; j <= i / 2; j++) {            //内层循环
                if(i % j == 0) {
                    flag = false;
                    break;
                }
            }
            if(flag) {
                System.out.print(i + " ");
            }
        }
    }
}
```

3.5 实验4 求解猴子吃桃问题

【实验目的】

(1) 使用循环结构解决实际问题。

(2) 练习使用逆向思维和递归思想来分析解决问题。

【实验内容】

编写程序求解猴子吃桃问题。有一只猴子摘了很多桃子，当天便吃了一半，感觉不过瘾，便多吃了一个。第二天将剩下的桃子吃了一半，并又多吃了一个。以后每天都吃前一天剩下的一半并多一个，到第十天再吃时就只剩下了一个桃子。求解猴子刚开始摘了多少桃子。

仔细分析该问题中的规律：假设每天有桃子 num 个，当然 num 会每天都变化一次，可以确定的是第十天 num=1，从而可以求出第九天的 num 是第十天的 num 加 1 然后乘以 2，即 num=(num+1) * 2；一共是 10 天，循环的次数已知，故采用 for 循环语句。

【参考代码】

```
public class Monkey {
    public static void main(String[ ] args) {
```

```
        int num = 1;                                      //第十天桃子的个数
        for(int i = 10; i >= 1; i-- ) {
            System.out.println("Day " + i + " : " + num);
            num = (num + 1) * 2;                          //求前一天的桃子
        }
    }
}
```

程序的运行结果如图 3.5 所示。

```
Day 10 : 1
Day 9 : 4
Day 8 : 10
Day 7 : 22
Day 6 : 46
Day 5 : 94
Day 4 : 190
Day 3 : 382
Day 2 : 766
Day 1 : 1534
```

图 3.5 求解猴子吃桃问题

【程序解析】

程序代码很简单,关键是要想清楚其中的逻辑关系,前一天剩余桃子的个数是第二天剩余桃子的个数加 1 再乘以 2,所以可以从最后一天剩余桃子数量为 1 开始,循环计算 num=(num+1) * 2,直到第一天即循环到第 10 次即可。上面的 for 循环是从 i=10 开始循环的,循环的条件是 i>=1,其中的关键语句是 num=(num+1) * 2,将当天的桃子个数加 1 再乘以 2 后赋给前一天,直到 i=1 为止。

解决一个实际问题并没有严格固定的套路,只要将自己的想法翻译成代码即可,在翻译的过程中按照语法的要求,注意合理的流程控制即可。对于本实验也可以采用递归实现,参考程序如下:

```
public class Monkey {
    public static void main(String  args[ ]){
        int day = 10, sum = 1;                            //day 天数,sum 当天的桃子个数
        peach(day, sum);
    }
    public static void peach(int d, int s){
        if(d == 1){                                       //递归到第一天时,返回
            System.out.println("Day " + d + " : " + s);
            return;
        }
        else{
            System.out.println("Day " + d + " : " + s);
            d = d - 1;                                    //天数减 1
            s = (s + 1) * 2;                              //桃子个数
```

```
            peach(d,s);                              //递归调用
        }
    }
}
```

3.6 实验5 数组排序

【实验目的】

(1) 理解和掌握数组的声明、创建、初始化和访问等。

(2) 熟练掌握和运用数组来解决实际问题。

【实验内容】

通过键盘任意输入6个数字，对这些数字使用冒泡法进行排序，排序后将6个数字由小到大的顺序排列显示出来。

冒泡排序的基本概念是：依次比较相邻的两个数，将小数放在前面，大数放在后面。即在第一趟：首先比较第一个和第二个数，将小数放前，大数放后。然后比较第二个数和第三个数，将小数放前，大数放后，依此类推，直至比较最后两个数，将小数放前，大数放后。至此第一趟结束，将最大的数放到了最后。在第二趟：仍从第一对数开始比较(因为可能由于第二个数和第三个数的交换，使得第一个数不再小于第二个数)，将小数放前，大数放后，一直比较到倒数第二个数(倒数第一的位置上已经是最大的)，第二趟结束，在倒数第二的位置上得到一个新的最大数(其实在整个数列中是第二大的数)。如此下去，重复以上过程，直至最终完成排序。由于在排序过程中总是小数往前放，大数往后放，相当于气泡往上升，所以称作冒泡排序。

【参考代码】

```
import java.util.Scanner;

public class BubbleSort {

    private int[ ] numbers = new int[6];

    /*
     * 输入数组元素
     */
    public void input() {
        Scanner scanner = new Scanner(System.in);
        for(int i = 0; i < numbers.length; i++) {
            numbers[i] = scanner.nextInt();
        }
    }

    /*
     * 输出数组元素
     */
    public void print() {
        for(int i = 0; i < numbers.length; i++) {
```

```
            System.out.print(numbers[i] + "\t");
        }
        System.out.println();
    }

    /*
     * 排序数组元素
     */
    public void sort() {
        int temp;
        for (int i = 1; i <= numbers.length - 1; i++) {      //比较 n-1 趟
            for (int j = 1; j <= numbers.length - i; j++) {  //每趟比较 n-i 次
                if (numbers[j - 1] > numbers[j]) {
                    temp = numbers[j - 1];
                    numbers[j - 1] = numbers[j];
                    numbers[j] = temp;
                }
            }
        }
    }
    public static void main(String args[ ]){
        BubbleSort bubbleSort = new BubbleSort();
        bubbleSort.input();
        System.out.println("按照输入顺序显示");
        bubbleSort.print();
        bubbleSort.sort();
        System.out.println("按照排序后顺序显示");
        bubbleSort.print();
    }
}
```

程序的运行结果如图 3.6 所示。

```
5
1
7
3
9
4
按照输入顺序显示
5	1	7	3	9	4
按照排序后顺序显示
1	3	4	5	7	9
```

图 3.6 数组排序

【程序解析】

这里使用 java.util 包中的 Scanner 类实现接收键盘输入的数据。按照冒泡排序思想，程序排序顺序如下所示：

原序列:	5	1	7	3	9	4
第 1 趟:						
第 1 次比较:	**1**	**5**	7	3	9	4
第 2 次比较:	1	**5**	**7**	3	9	4
第 3 次比较:	1	5	**3**	**7**	9	4
第 4 次比较:	1	5	3	**7**	**9**	4
第 5 次比较:	1	5	3	7	**4**	**9**
第 2 趟:						
第 1 次比较:	**1**	**5**	3	7	4	9
第 2 次比较:	1	**3**	**5**	7	4	9
第 3 次比较:	1	3	**5**	**7**	4	9
第 4 次比较:	1	3	5	**4**	**7**	**9**
第 3 趟:						
第 1 次比较:	**1**	**3**	5	4	7	9
第 2 次比较:	1	**3**	**5**	4	7	9
第 3 次比较:	1	3	**4**	**5**	**7**	**9**
第 4 趟:						
第 1 次比较:	**1**	**3**	4	5	7	9
第 2 次比较:	1	**3**	**4**	**5**	**7**	**9**
第 5 趟:						
第 1 次比较:	**1**	**3**	4	5	7	9

3.7 课外练习

1. 编写一个程序，实现命令行输入一个月份，可以判断出是什么季节，如输入 May，判断的结果是“May is the summer!”。

2. 编写一个程序，实现判断 2009 年是否闰年，输出判断结果。

3. 编写一个程序，求出 1!+2!+…+10! 的值。

4. 编写一个猜数字游戏，程序运行时会自动生成一个幸运数字，用户从控制台输入猜测的数字。如果输入的数字大于幸运数字，给出“您输入的数字太大”提示，如果输入的数字小于幸运数字，给出“您输入的数字太小”提示，用户输入了正确的幸运数字，给出“恭喜您！”提示，用户输入“quit”退出游戏。

提示：该程序循环的次数预先不知，此时可以使用 while 循环语句来实现。循环语句中嵌套了 if 判断语句，当 if 判断满足条件时，使用流程控制的辅助语句“break;”来跳出循环，否则一直循环下去。Math.random()可以产生一个从 0.0～1.0 的 double 类型的数据，Math.random() * 20 则会产生一个从 0.0～20.0 的数据。

CHAPTER 4

第4章

类的特性

继承是面向对象中的一个重要特性，它体现了类与类之间的特殊和一般的关系。在现有类的基础上建立新类的处理过程称为继承。继承体现了客观世界中事物间的层次关系。

4.1 预备知识

4.1.1 父类与子类

利用继承，可以先创建一个拥有共同属性的一般类，根据该类再创建具有特殊属性的新类。由继承而得到的类称为子类(或称为派生类，subclass)，被继承的类称为父类(或称为超类，superclass)。创建子类的方式如下：

```
class A extends B
```

继承是通过 extends 关键字实现的。定义类时在 extends 关键字后指明新定义类的父类，使得在两个类之间建立继承关系。新定义的子类继承父类中非 private 权限的属性和方法，同时也可以修改父类的状态或重写父类的行为，并添加新的属性和行为。

4.1.2 子类的构造方法和 super 关键字

子类可以继承父类的所有非私有成员，然而构造方法却不能被继承，因此，子类要有自己的构造方法。子类的构造方法分为两部分：一部分用于构造父类的成员；另一部分用于构造子类自己的成员。对父类部分的构造要使用 super 关键字。

super 关键字必须是子类构造方法中第一条被执行的语句。即使在子类构造方法中没有显示写出 super 关键字，也会隐含第一条语句 super()，此时，如果父类中不包含默认或无参的构造方法，而子类构造方法又通过 super()隐含地调用了它，就会产生编译错误。

super 关键字的使用分成两种情况。

• 调用父类的构造方法，如下：

```
super( )或 super(参数列表)
```

super(参数列表)中的参数被传递给父类的有参构造方法完成初始化。

- 调用父类中的成员属性或成员方法，如下：

```
super.parameter 或 super.method([paramlist])
```

4.1.3 方法重写

子类可以对父类的同名方法进行重写，从而覆盖掉父类中的同名方法，子类可以改写父类方法所实现的功能。发生方法重写具体要求如下：

- 子类中重写方法的名称、返回值类型与参数列表必须与父类中被重写的方法一致。
- 子类中重写方法的访问权限不能缩小。比如，父类中被重写方法的访问权限是public，子类在重写该方法时不能将其访问权限改为protected、private或默认权限。
- 子类中重写方法不能抛出新的异常。

当子类对象调用重写的方法时，总是调用子类自己定义的那个方法，而父类的同名方法被隐蔽，而如果此时需要调用父类版本的方法，则需要使用super关键字，显示调用。

4.1.4 Object 类

Object类存在与java.lang包中，任何一个类都默认继承Object类。Object类的常用方法有：

- boolean equals(Object obj)——指示其他某个对象是否与此对象“相等”。
- String toString( )——返回该对象的字符串表示。

定义实体类时，通常要重写上述两个方法。

4.1.5 抽象方法与抽象类

由abstract关键字修饰的方法称为抽象方法，由abstract关键字修饰的类称为抽象类，抽象方法必须声明在抽象类中。

定义抽象方法的语法：

```
abstract type method_name(parameter_list);
```

声明抽象类的语法：

```
abstract class{ … }
```

当父类中的某些方法无法包含任何处理逻辑时，可将该方法声明为抽象方法，该类本身声明为抽象类，子类可以通过方法重写的机制提供这种抽象方法的实现细节。

使用抽象方法与抽象类时需要注意以下几点：

- 抽象方法不具有任何实现代码。
- 构造方法和static方法不能是抽象的。
- 抽象类不能被实例化，即不能用new去创建一个抽象类的对象。
- 抽象类可以具有指向子类对象的对象引用。
- 抽象方法必须声明在抽象类中，抽象类中也可包含非抽象成员方法和成员属性。一个不包含任何抽象方法的类也可以声明为抽象类。

4.1.6 内部类

内部类(inner class)是嵌套定义在一个类中的类,也被称为是嵌套类。包含内部类的类称为外部类,也称为包容类。内部类和一般类一样,都具有自己的成员变量和成员方法。在一个类中使用内部类可以在内部类中直接存取其所在类的私有成员变量。内部类分为四种类型:成员内部类、局部内部类、匿名内部类和静态内部类。

1. 成员内部类

成员内部类的语法如下:

```
public class OuterClass{          //外部类
    private class InnerClass{  //内部类//...}
}
```

在内部类中可以随意使用外部类的成员方法以及成员变量,尽管这些类成员被修饰为private。构造一个内部类对象必须先构造一个外部类对象,然后通过外部类对象的引用“.new”构造内部类对象。如下:

```
OuterClass outer = new OuterClass ( );
OuterClass. InnerClass inner = outer.new InnerClass ();
```

在内部类中可以通过 this 关键字访问外部类的成员变量,即 Outer. this. parameter。成员内部类中不能有静态的变量。

2. 局部内部类

定义在外部类方法中的内部类称为局部内部类,不能使用访问修饰符,但可以使用abstract 和 final 修饰符。局部内部类的范围是在外部类的方法内部,可以访问外部类的属性,还可以访问外部类的有效的局部变量,但是要求这个局部变量必须是 final 的。

3. 匿名内部类

匿名内部类是一种特殊的局部内部类,没有类的名称。匿名内部类用来继承一个类或者实现一个接口,而且只会创建这个内部类的一个对象,该对象可以出现在方法的返回类型中,也可以出现在方法的参数中。匿名内部类不能定义构造方法。

4. 静态内部类

静态内部类可以直接访问外部类的静态成员,不能直接访问外部类的实例成员。外部类的方法不能直接使用静态内部类中的成员。

4.2 实验 1 子类派生与方法重写

【实验目的】

(1) 理解子类派生的概念。

(2) 学习创建子类对象。

(3) 掌握方法重写的使用。

【实验内容】

编写程序描述医生的信息。假设医生有姓名(name)、编号(id)和地址(address)等基本信息,医生分为专业医生和非专业医生。非专业医生所具有的信息与上述的一样,但专业医生除了具有上述的基本信息外,还有专业名称(specialty)。根据他们之间的关系,创建一个名为 Doctor 的父类,该类包含有关医生的信息,再利用继承创建一个非专业医生类 NonSpecDoctors 和一个专业医生类 SpecDoctor,并对这些类进行实例化,显示某专业医生或非专业医生的个人信息。要求程序的运行结果如图 4.1 所示。

```
==========非专业医生的信息==========
id=001
name=张三
address=幸福路私人诊所
==========专业医生的信息==========
id=002
name=李四
address=北京协和医院
specialty=外科
```

图 4.1 子类派生与方法重写

【参考代码】

```
//Doctor.java
public class Doctor {
    private String id;
    private String name;
    private String address;

    public Doctor(String id, String name, String address) {
        this.id = id;
        this.name = name;
        this.address = address;
    }

    public Doctor() {

    }

    public void setId(String id) {
        this.id = id;
    }
    public void setName(String name) {
        this.name = name;
```

```
    }
    public void setAddress(String address) {
        this.address = address;
    }
    public void show() {
        System.out.println("id = " + this.id );
        System.out.println("name = " + this.name );
        System.out.println("address = " + this.address );
    }
}
```

```
// NonSpecDoctor.java
public class NonSpecDoctor extends Doctor {
    public NonSpecDoctor(String id, String name, String address) {
        super(id, name, address);
    }
    public NonSpecDoctor() {
        super();
    }
    public void show() {
        System.out.println("以下显示非专业医生的信息：");
        super.show();
    }
}
```

```
// SpecDoctor.java
public class SpecDoctor extends Doctor {
    private String specialty;

    public SpecDoctor(String id, String name, String address, String specialty) {
        super(id, name, address);
        this.specialty = specialty;
    }
    public void setSpecialty(String specialty) {
        this.specialty = specialty;
    }

    public void show() {
        System.out.println("以下显示专业医生的信息：");
        super.show();
        System.out.println("specialty = " + specialty);
    }
}
```

```
// Test.java
public class Test {
    public static void main(String[ ] args) {
```

```
        NonSpecDoctor nonSpecDoctor = new NonSpecDoctor("001", "张三", "康健私人诊所");
        nonSpecDoctor.show();
        SpecDoctor specDoctor = new SpecDoctor("002", "李四", "北京协和医院", "外科");
        specDoctor.show();
    }
}
```

【程序解析】

专业医生类 SpecDoctor 和非专业医生类 NonSpecDoctor 拥有共同的属性 id、name、address 和方法 show()，应将这些共同点抽象到父类 Doctor 中。同时在 SpecDoctor 类中再定义额外的属性 specialty。对象的初始化通过构造方法来完成，在子类构造方法里使用 super 关键字调用父类构造方法，父类和子类初始化不同的属性信息。父类与子类中都有显示医生信息的方法 show()，但是呈现出不同的显示方式，即发生了方法重写。在子类的 show()方法中，使用 super 关键字调用父类的 show()方法。

4.3 实验 2 抽象方法与抽象类

【实验目的】

(1) 理解抽象方法的含义。

(2) 掌握抽象类的使用。

【实验内容】

编写程序描述两种水果(苹果、橘子)的特征(重量、颜色)和行为(吃的方式)。苹果和橘子都是水果类，因此可以抽象出水果作为它们的父类。由于某一水果对象吃的方式是不确定的，所以水果类中吃的方法应定义为抽象方法，进而水果类也应该定义为抽象类。最后，使用测试类描述苹果和橘子的特征和行为。

【参考代码】

```
// Fruit.java
public abstract class Fruit {
    private float weight;
    private String color;

    public void setWeight(float weight) {
        this.weight = weight;
    }
    public void setColor(String color) {
        this.color = color;
    }
    public float getWeight() {
        return this.weight;
    }
    public String getColor() {
        return this.color;
    }
    public String toString() {
```

```
        return "重量是" + this.weight + "; 颜色是" + this.color;
    }
    public abstract void eat();
}

// Apple.java
public class Apple extends Fruit {
    public void eat() {
        System.out.println("苹果可以带皮吃");
    }
}

// Orange.java
public class Orange extends Fruit {
    public void eat() {
        System.out.println("橘子应该剥皮吃");
    }
}

// FruitTest.java
public class FruitTest {
    public static void main(String[ ] args) {
        Fruit apple = new Apple();
        apple.setWeight(0.8f);
        apple.setColor("绿色");
        System.out.println(apple);
        apple.eat();

        Fruit orange = new Orange();
        orange.setWeight(0.2f);
        orange.setColor("黄色");
        System.out.println(orange);
        orange.eat();
    }
}
```

程序的运行结果如图 4.2 所示。

```
重量是0.8; 颜色是绿色
苹果可以带皮吃
重量是0.2; 颜色是黄色
橘子应该剥皮吃
```

图 4.2 抽象方法与抽象类

【程序解析】

该题目旨在描述苹果和橘子两种水果,当对这两种类型进行抽象时,应首先考虑共性,即共同的属性和行为,这里的行为先不要考虑如何去实现。在父类 Fruit 中抽象了 weight 和 color 属性以及相应的 set 和 get 方法,考虑到每种水果都有吃的行为,但又不能给出确定的实现，此时 eat()方法声明为抽象方法，并要求 Fruit 类为抽象类。这里的 toString()方法是重写了从 Object 类继承下来的同名方法，功能是输出当前对象的字符串信息。

然后，创建两个子类 Apple 和 Orange，分别继承 Fruit 类，将公有属性继承下来，同时通过方法重写机制来实现抽象的 eat()方法。

在测试类中，实例 apple 和 orange 都是 Fruit 类型的引用，但由于分配的是不同子类类型的内存空间，因此两个引用具体执行的 eat()方法是不同的实现方式。

4.4 实验 3 内部类的使用

【实验目的】

(1) 理解内部类的概念。

(2) 学习使用成员内部类、局部内部类和匿名内部类。

【实验内容】

使用成员内部类、局部内部类和匿名内部类来分别描述诊所 Clinic 和医生 Doctor 之间的关系。对基本信息进行初始化后，使用 show()方法进行信息的显示。

【实验步骤】

(1) 编写程序 Clinic1.java，代码如下：

```
public class Clinic1 {           //外部类

    private int count;
    private String name;

    public class Doctor {        //成员内部类
        private String id;
        private String name;
        public Doctor(String id, String doctorName, String clinicName) {
            this.id = id;
            this.name = doctorName;
            Clinic1.this.name = clinicName;
        }
        public void show() {
            System.out.println("第" + ++count + "个医生:");
            System.out.println("编号是" + id
                    + ",姓名是" + this.name
                    + ",诊所是" + Clinic1.this.name);
        }
    }
}
```

(2) 编写程序 TestClinic1.java，代码如下：

```
public class TestClinic1 {
    public static void main(String[ ] args) {
        Clinic1 clinic = new Clinic1();
        Clinic1.Doctor doctor1 = clinic.new Doctor("001", "张三", "康健诊所");
```

```
            doctor1.show();

            Clinic1.Doctor doctor2 = clinic.new Doctor("002", "李四", "康健诊所");
            doctor2.show();
        }
    }
```

(3) 程序运行的结果如图 4.3 所示。

```
第1个医生:
编号是001, 姓名是张三, 诊所是康健诊所
第2个医生:
编号是002, 姓名是李四, 诊所是康健诊所
```

图 4.3　TestClinic1 运行结果

【程序解析】

当成员内部类的属性名称与外部类的属性名称相同时，使用 this 引用成员内部类自身的属性，使用外部类名.this 来引用外部类的属性。假设方法内存在同名的局部变量时，如果引用方法不正确会发生错误。

(4) 前面实验描述医生 Doctor 分为专业医生和非专业医生，这里将 Doctor 类定义为抽象类，代码如下：

```
public abstract class Doctor {
        public abstract void show();
}
```

(5) 编写程序 Clinic2.java，代码如下：

```
public class Clinic2 {

    private int count;

    public Doctor getDoctor(String doctorType) {
        final String info = "显示医生信息";
        final class SpacialDoctor extends Doctor {  //局部内部类
            public SpacialDoctor() {
                count++;                            //访问外部类的属性
            }
            public void show() {
                System.out.println(info);
                System.out.println("我是一个专业医生");
            }
        }
        final class NonSpacialDoctor extends Doctor {
            public NonSpacialDoctor() {
                count++;
            }
            public void show() {
                System.out.println(info);
```

```
                System.out.println("我是一个非专业医生");
            }
        }
        if (doctorType.equals("spacial")) {
            return new SpacialDoctor();
        } else if(doctorType.equals("nonspacial")) {
            return new NonSpacialDoctor();
        } else {
            return null;
        }
    }

    public int getCount() {
        return this.count;
    }
}
```

(6) 编写程序 TestClinic2.java,代码如下:

```
public class TestClinic2 {
    public static void main(String[ ] args) {
        Clinic2 clinic = new Clinic2();
        Doctor doctor1 = clinic.getDoctor("spacial");
        doctor1.show();
        Doctor doctor2 = clinic.getDoctor("nonspacial");
        doctor2.show();
        System.out.println("该诊所已出诊" + clinic.getCount() + "位医生");
    }
}
```

(7) 程序运行的结果如图 4.4 所示。

```
显示医生信息
我是一个专业医生
显示医生信息
我是一个非专业医生
该诊所已出诊2位医生
```

图 4.4 TestClinic2 运行结果

【程序解析】

局部内部类定义于外部类的某一个方法内。局部内部类的修饰符必须为 abstract 或 final,程序中访问所在方法的局部变量 info,要求该局部变量必须是 final(即常量)。接口(或抽象类,接口将在第 5 章介绍)是公开的,把接口的实现类作为内部类隐藏起来,强制用户通过接口来访问接口的实现类,强制达到弱耦合性。配合接口实现多继承,这是使用内部类的主要原因。

(8) 编写程序 Clinic3.java,代码如下:

```
public class Clinic3 {
```

```
    private int count;

    public Doctor getDoctor(String doctorType) {
        final String info = "显示医生信息";
        if (doctorType.equals("spacial")) {
            return new Doctor() {
                public void show() {
                    System.out.println(info);
                    System.out.println("我是一个专业医生");
                }
            };
        } else if(doctorType.equals("nonspacial")) {
            return new Doctor() {
                public void show() {
                    System.out.println(info);
                    System.out.println("我是一个非专业医生");
                }
            };
        } else {
            return null;
        }
    }

    public int getCount() {
        return this.count;
    }
}
```

(9) 编写程序 TestClinic3.java,代码如下:

```
public class TestClinic3 {
    public static void main(String[ ] args) {
        Clinic3 clinic = new Clinic3();
        Doctor doctor1 = clinic.getDoctor("spacial");
        doctor1.show();
        Doctor doctor2 = clinic.getDoctor("nonspacial");
        doctor2 .show();
        System.out.println("该诊所已出诊" + clinic.getCount() + "位医生");
    }
}
```

(10) 程序运行的结果如图 4.5 所示。

```
显示医生信息
我是一个专业医生
显示医生信息
我是一个非专业医生
该诊所已出诊0位医生
```

图 4.5　TestClinic3 运行结果

【程序解析】

匿名内部类是一种特殊的局部内部类，主要区别就是匿名内部类没有类名。由于没有类名，因此匿名内部类不能定义构造方法，在该程序中无法增加医生的数量 count，故输出结果中显示出诊 0 位医生。

4.5 课外练习

1. 编写一个程序，程序中有一个父类 Telephone，Telephone 类中包含电话品牌、电话号码、通话时间、费率等属性，以及计算花费和显示信息等方法。另外，程序中还有另一个类 MobilePhone，它是 Telephone 的子类，除了具有 Telephone 类的属性外，还有自己的属性如网络类型、被叫时间，同时它有自己的计算花费和显示信息的方法。最后使用测试类测试上述几个类并显示它们的信息。

2. 编写一个程序，实现各种形状的面积计算，形状可能为长方形、正方形、三角形、圆形等。

3. 设计 3 个类，分别是学生类 Student、本科生类 Undergraduate 和研究生类 Postgraduate，其中 Student 类是一个抽象类，它包含一些基本的学生信息如姓名、所学课程、课程成绩等，而 Undergraduate 类和 Postgraduate 类都是 Student 类的子类，它们之间的主要差别是计算课程成绩等级的方法不同，研究生的标准要比本科生的标准要高一些，如表 4.1 所示。

表 4.1 课程成绩等级

本科生标准	研究生标准
80～100 优秀	90～100 优秀
70～80 良好	80～90 良好
60～70 一般	70～80 一般
50～60 及格	60～70 及格
50 以下 不及格	60 以下 不及格

假设某班级里既有本科生也有研究生，编写程序统计出全班学生的成绩等级并显示出来。此题关键是设计一个学生数组，既能存放本科生对象，又能存放研究生对象。

4. 通过程序，要求定义一个外部类 Outer，然后在 Outer 类中定义一个内部类 Inner 和局部类 Local，Inner 类和 Local 类的任务都是显示出外部类的数组元素，然后求出这些数组元素的平均值。

第5章

接口与多态

Java 不允许多重继承,也就是说一个子类只能有一个父类。为了弥补这一点不足,Java 中的接口可以实现多重继承,即一个类可以实现多个接口,这个机制使接口能够发挥出更加灵活、强大的功能。

5.1 预 备 知 识

5.1.1 接口

1. 接口的定义

接口的定义包括接口声明和接口体两部分,其中接口体中包括属性常量和抽象方法。定义格式如下:

```
[public] interface 接口名 {
        属性常量
        …
        抽象方法
        …
}
```

Java 用关键字 implements 表示实现一个接口,在实现类中必须实现接口中定义的所有方法,且可以使用接口中定义的常量。此外,一个类可以实现多个接口。实现接口格式如下:

```
class A implements 接口 1[,接口 2, … ] { … }
```

接口的定义与实现方法看似很简单,但是在实际应用中比较难以理解,首先必须明确接口不同于类的一些特性:

- 接口中的方法可以有参数列表和返回类型,但不能有任何方法体实现。
- 接口中可以包含属性,但是会被隐式的声明为 static 和 final,存储在该接口的静态存储区域内,而不属于该接口。
- 接口中的方法可以被声明为 public 或不声明,但结果都会按照 public 类型处理。

- 如果没有实现接口中所有方法，那么创建的仍然是一个接口，即接口可以继承接口（使用关键字 extends）。在继承时，父接口传递给子接口的只是方法说明，而不是具体实现，这在一定程度上消除了完全的多继承所带来的复杂性。
- 一个接口可以有一个以上的父接口，一个类可以在继承父类的同时实现多个接口，即允许多重继承。

2. 接口与抽象类的区别

如果说抽象类与普通类相比具备了一些“抽象”的特质，那么接口可以说是比抽象类还高度抽象的抽象类。这只是一种比喻，具体区别如下：

- 抽象类可以提供部分已经实现的方法，而接口所有的方法都是抽象的。
- 抽象类作为公共的父类，为子类的扩展提供基础，包括属性上和行为上的扩展。而接口不重视属性，只重视方法，使得子类可以自由的填补或者扩展接口所定义的方法。
- 一个抽象类的实现只能由这个抽象类的子类给出，也就是说，这个实现是以继承为基础的。而由于类的单继承性，抽象类作为类型定义工具的效能受到局限。接口具有多重继承的优势，使得任何一个实现接口的类，都可看作是这个接口的类型，而一个类可以实现任意多个接口，从而这个类就可以被看作有多种类型。

5.1.2 多态

接口是很多框架技术的基础，有了接口技术的支持，程序设计人员可以完成具有良好可扩展性、灵活多变的系统设计，而且有利于团队合作开发。正是基于接口机制，使面向对象的多态特性发挥到了极致。

1. 向上转型

由于继承关系的存在，对象既可以作为自己本身的类型使用，也可以作为其父类类型使用。这种将对某个对象的引用视为对其父类类型引用的做法被称作“向上转型（upcasting）”。

2. 可扩展性

由于多态机制，可根据需求向系统中添加任意多的新类型，而不需要修改过多代码。在一个设计良好的面向对象系统中，大多数或者所有方法都会只与父类接口通信。这样的程序是“可扩展的”，因为可以从通用的父类继承出新的数据类型，从而新添一些功能。那些操纵父类接口的方法不需要任何改动就可以应用于新的子类。

多态允许从同一父类继承下来的子类之间，能够表现出彼此的区别，这种区别是根据方法行为的不同实现而表现出来的。恰当地使用多态机制能够消除类型之间的耦合关系，允许将对象视为自己本身类型或其父类类型进行处理。这种能力极为重要，因为可以使从父类继承下来的多种子类类型，被视为同一父类类型进行处理，而同一份代码也就可以毫无差别地运行在这些不同子类类型之上。

3. 后期绑定

将一个方法调用同一个方法主体关联起来被称作绑定。若在程序执行前进行绑定(由编译器和链接程序实现),叫做前期绑定。它是面向过程语言中不需要选择就默认的绑定方式。当编译器只有一个接口引用时,它无法知道究竟调用哪个实现类的方法时,解决的办法是后期绑定。它的含义就是在运行时,根据对象的类型进行绑定。接口引用指向哪个实现类,就调用哪个实现类的方法。后期绑定也叫做动态绑定或运行时绑定。

5.2 实验1 接口的实现与运用

【实验目的】

(1) 学习如何定义接口。

(2) 掌握接口的实现方式。

(3) 理解接口与抽象类的区别。

【实验内容】

使用面向对象的思想描述两种动物老虎(Tiger)和鸡(Chicken),以及一种水果(Apple)。Tiger和Chicken都是动物(Animal),使用继承来描述它们的特征(身长length、体重weight、颜色color)和行为(行走walk)。另外,Chicken和Apple都是可以吃的,吃法是一个熟吃,一个生吃,但Tiger不能吃,使用接口描述它们被吃的行为。最后,使用测试类描述这3个类型的对象特征和行为。

【参考代码】

```
// Animal.java
public abstract class Animal {
    private int length;
    private int weight;
    private String color;

    public void setLength(int length) {
        this.length = length;
    }
    public int getLength() {
        return this.length;
    }
    public void setWeight(int weight) {
        this.weight = weight;
    }
    public int getWeight() {
        return this.weight;
    }
    public void setColor(String color) {
        this.color = color;
    }
    public String getColor() {
        return this.color;
```

```
    }
    public abstract void walk();
}

// Eatable.java
public interface Eatable {
    public String howToEat();
}

// Tiger.java
public class Tiger extends Animal {
    public void walk() {
        System.out.println("老虎用四条腿走路");
    }
}

// Chicken.java
public class Chicken extends Animal implements Eatable {
    public void walk() {
        System.out.println("鸡用两条腿走路");
    }
    public String howToEat() {
        return "鸡要熟吃";
    }
}

// Apple.java
public class Apple implements Eatable {
    public String howToEat() {
        return "苹果生吃";
    }
}

// Person.java
public class Person {
    public void eat(Object obj) {
        if(obj instanceof Eatable) {
            System.out.println(((Eatable)obj).howToEat());
        } else {
            System.out.println("这东西不能吃");
        }
    }
    public static void main(String[ ] args) {
        Person person = new Person();
        Animal chicken = new Chicken();
        chicken.walk();
        person.eat(chicken);
        Animal tiger = new Tiger();
        tiger.walk();
        person.eat(tiger);
        Apple apple = new Apple();
```

```
            person.eat(apple);
        }
    }
```

程序的运行结果如图5.1所示。

```
鸡用两条腿走路
鸡要熟吃
老虎用四条腿走路
这东西不能吃
苹果生吃
```

图5.1 接口的实现与运用

【程序解析】

这里Chicken和Tiger都是动物，所以将它们共同的属性及方法高度抽象到Animal类中，并且在Animal类中定义抽象方法walk()，由该父类继承派生出Chicken类和Tiger类，使用多态机制对walk()方法采取不同的实现方式。

Chicken和Apple都具备被吃的行为，因此将吃(howToEat)的行为抽象为一个接口Eatable。然后由Chicken和Apple类分别实现Eatable接口，给出不同的实现。

本实验可以得出类继承和接口实现的综合，一个类可以且仅可以继承一个类，但同时可以实现一或多个接口。

5.3 实验2 向上转型

【实验目的】

掌握使用接口实现“向上转型”。

【实验内容】

编写程序，演示装机人员在主板上插入实现主板接口的各种卡。PCI接口表示主板接口协议，MainBoard类表示主板类，NetWorkCard类表示网卡类，SoundCard类表示声卡类。其中NetWorkCard类和SoundCard类实现PCI接口。部分代码已经给出，代码如下：

```
class MainBoard{
    public void usePCICard(PCI p){
        p.start();
        p.stop();
    }
}
class Assembler{
    public static void main(String args[ ]){
        MainBoard mb = new MainBoard();
        NetWorkCard nc = new NetWorkCard();
        SoundCard sc = new SoundCard();
        mb.usePCICard(nc);
        mb.usePCICard(sc);
```

```
    }
}
```

【参考代码】

在上面代码的基础上，定义 PCI 接口和实现类 NetWorkCard 和 SoundCard 类，代码如下：

```
interface PCI {
    void start( );
    void stop( );
}
class NetWorkCard implements PCI {
    public void start( ) {
        System.out.println("启动网卡");
    }
    public void stop( ) {
        System.out.println("关闭网卡");
    }
}
class SoundCard implements PCI {
    public void start( ) {
        System.out.println("启动声卡");
    }
    public void stop( ) {
        System.out.println("关闭声卡");
    }
}
```

程序的运行结果如图 5.2 所示。

```
启动网卡
关闭网卡
启动声卡
关闭声卡
```

图 5.2 向上转型

【程序解析】

MainBoard 的 usePCICard 方法形参是 PCI 接口类型的对象，凡是符合该类型的对象均可作为参数传入，方法中调用 start 和 stop 方法，利用动态邦定技术运行时候根据 p 引用的具体对象调用创建对象时所属类的 start 和 stop 方法。

5.4 课外练习

1. 编写程序，抽象 Person 接口类型，具有 eat 方法，中国人吃饭用筷子，美国人吃饭用叉子，设计 Waiter 类，该类的 callPersonEat 方法参数是 Person 类型，所以利用向上转型技术可以给其传参数 Person 接口类型的对象 p。而该方法体为 p. eat()，利用动态绑定技术运行时根据 p 引用的具体对象调用创建对象时所属类的 eat 方法。

2. 抽象教师类和学校类，对教师和学校都要定义 detail 方法，打印信息，若教师类和学校类增加，则 detail 方法也要增加。教师和学校属于两种不同的类型，无法通过“is-a”找到一个合适的父类，但是教师和学校都存在一个共同的方法特征：detail，它们对 detail 方法有各自不同的实现——这完全符合 Java 接口的定义，使用 Java 接口实现该程序。

第6章

异　　常

异常就是程序在执行过程中所遇到的意外情况或非正常情况。异常不同于错误，在Java的开发过程中，需要先编译后运行。若代码在编译的过程中不出现问题，到运行时才报错，这就是异常。

程序中出现异常，如果不做任何处理，程序流程便会中断，不再继续往下执行，此时应当采取异常处理机制。Java语言提供比较成熟的异常处理机制，采用面向对象的方法来处理异常。非常多的异常类，对应运行时出现的各种异常。出现异常，便会生成该异常的一个对象，并把它交给运行时的系统，运行时系统寻找相应的代码来处理这一异常。

6.1　预备知识

6.1.1　异常分类

在JDK中提供了大量的异常类，它们都是继承自Throwable类。Throwable类的两个直接子类是Exception类和Error类，其中Error类分支描述了Java运行系统中的内部错误，是由Java虚拟机生成并抛出的。如果出现这种错误，除了尽量让程序安全退出外，无法做更多的补救。Java中的大多数异常都是继承自Exception类，比如输入输出异常IOException，数据库访问SQLException等。

1. 运行时异常

Exception异常类中包括RuntimeException异常，此类异常称为运行时异常或未检查异常(non-checked)。因为在代码的编写过程中，编译器不会强制要求处理RuntimeException异常，只有在运行时才有可能出现，比如最常见的访问数组越界异常IndexOutOfBoundsException、空指针异常NullPointerException、非法参数异常IllegalArgumentException等。运行时异常一般都是由程序员造成的，经过细心的检查都是可以避免的。

2. 非运行时异常

除RuntiemException异常及其子类之外的异常，都称之为非运行时异常或已建成异常(checked)，对于这些异常，编译器会强制要求处理，要么使用try-catch捕获，要么throws

抛出。非运行时异常一般都是由外部因素造成,如试图读取已经被破坏的文件,试图访问连接已经断开的数据库等,都会产生非运行时异常。

6.1.2 异常处理

处理异常有两种方式:捕获和抛出。

1. try-catch

try-catch 用来捕获异常,并提供解决异常的方法,异常在方法内部得到解决,这是处理异常比较常用的一种方式。try-catch 的一般用法如下:

```
try{
    会出现异常的语句块;
}catch(ExceptionType  e1){
   处理异常的语句块;
} catch(ExceptionType  e2){
    处理异常的语句块;
}…
其他代码块;
```

程序运行到 try-catch 时,会先执行 try 块中的代码,在执行过程中,如果没有异常发生,将跳过 catch 语句,执行其后的其他代码块;如果发生异常,将会执行 catch 语句。catch 语句可以有一个或多个,分别去捕获不同类型的异常,当 try 块内出现异常后,会去查找 catch 的异常类型,选择与异常类型相同或兼容的执行。

可以在 catch 处理异常的语句块中,处理异常。例如调用 printStackTrace()方法,打印异常对象的堆栈追踪;调用 getMessage()方法,打印异常对象的消息;调用 toString()方法,打印异常对象的简短描述。也可以实现程序的跳转,改变原来的程序流程。

使用 try-catch 时需要注意以下几点:

- try 不能单独存在,所包括的语句不能太多,如果有循环语句,应将循环放在 try 内,而不要将 try 放在循环内;
- catch 不能单独存在,需配合 try 使用,catch 可以有多个,但是 catch 的异常要注意前后顺序,要将子类异常放在前面,父类异常放在后面,否则编译器会提示 Unreachable catch block 错误;
- 多个 catch 语句时,只会从前往后选择一个兼容的执行,其他的不被执行,最后的 catch 可以捕获 Exception 异常,以防止前面没有匹配异常;
- 虽然 try-catch 可以改变程序流程,但建议不要这样使用,毕竟 try-catch 是在程序运行不正常的情况下执行的。

2. try-catch-finally

finally 是对 try-catch 的完善,无论有没有异常发生,finally 语句都会被执行,因此 finally 经常用于无论什么情况下都要执行的代码。try-catch-finally 的一般用法如下:

```
try{
   会出现异常的语句块;
}catch(ExceptionType  e1){
  处理异常的语句块;
} catch(ExceptionType  e2){
   处理异常的语句块;
}finally{
    有无异常都执行的代码块;
}…
其他代码块;
```

增加 finally 语句的 try-catch 是对原有功能的补充，若 try 块内有异常发生时，先执行对应的 catch，然后执行 finally；若 try 块内无异常发生时，catch 语句不会被执行，直接去执行 finally 语句，然后再执行其他代码块。

对于 finally 的使用要注意以下几点：

- finally 语句无论有无异常都会被执行，唯一不会执行的情况是调用了 System. exit()方法，System. exit()会直接终止当前正在运行的 Java 虚拟机；
- 如果在 try-catch-finally 内出现了 return 语句，try-catch 内的 return 无效，finally 内的 return 会被执行，后面不能再出现其他代码块。

3. throws

throws 关键字用于声明，它并不是一个可以执行的语句。throws 声明放在方法声明的后面，用来声明这个方法可能会抛出什么样的异常。抛出异常指的是在本方法中如果出现异常，不做任何处理，直接抛出，将异常抛给调用该方法的其他方法。throws 的一般用法如下：

```
public void  method()  throws  ExceptionType1,ExceptionType2{
  语句块;
}
```

使用 throws 抛出异常时要注意以下几点：

- throws 可以声明抛出多个异常，中间用“,”分隔；
- 抛出异常的层次越多，越浪费时间和资源，应该尽早处理抛出的异常。

4. throw

throw 和 throws 虽然只有一个字母的差别，其功能却大有不同。throw 是用在方法中，用来明确地抛出一个异常。throws 只是说明可以抛什么异常，而 throw 是真正地往外抛出异常。throw 的一般用法如下：

```
代码块;
throw new ExceptionType("message!");
```

throw 后面是要抛出的异常对象，相当于此处产生了一个异常，相应的就需要处理异常的方式，捕获或抛出，即要么用 try-catch 包围，捕获该异常；要么在方法的后面用 throws 声明，将该异常抛给调用此方法的上一级方法。

throw 可以出现在方法的任何地方，包括 catch 块中，但是 throw 的后面不允许再出现其他代码块，因为遇到 throw 程序就会跳转了，后面的代码块是无意义的。

使用 throw 时要注意以下几点：

- throw 抛出的异常需要有相应的处理，要么捕获并处理掉，要么抛给上一级方法；
- 子类方法在覆盖父类方法时，抛出的异常不能多于父类的方法，即子类抛出的异常应该与父类抛出的异常一样，或是父类抛出的异常的子类。

6.1.3 自定义异常

在解决实际问题的过程中，可能会遇到 JDK 中没有的异常类，这时就需要自定义异常。自定义异常类一般选择继承 Exception 类。有了自定义的异常类，在需要抛出异常的地方使用 new 关键字，就可以创建该异常类的异常对象，并使用 throw 将其抛出即可。对于自定义的异常系统是不会自动抛出的，只能使用 throw 手动抛出。

6.2 实验 1 利用 try-catch 处理除数为零异常

【实验目的】

(1) 使用 try-catch 处理异常。

(2) 理解 ArithmeticException 异常类。

【实验内容】

从控制台输入两个数，进行除法运算。如果除数为零，会抛出运算条件异常 ArithmeticException，利用 try-catch 捕获并处理该异常。如果除数不为零，则输出正确结果。

【参考代码】

```
//ExceptionDemo.java
import java.io.*;
public class ExceptionDemo {
    public static void main(String args[ ]){
        int param1,param2,answer;                    //三个变量，保存两个参数和答案
        Scanner in = new Scanner(System.in);
        try {
            System.out.println("请输入被除数：");
            param1 = in.nextInt();
            System.out.println("请输入除数：");
            param2 = in.nextInt();
            answer = param1 / param2;
            System.out.println("答案：" + answer);
        } catch (RuntimeException e){
            System.out.println("除数不能为 0!" + e.toString());
        } catch (IOException e){
            e.printStackTrace();
        }
    }
}
```

程序的运行结果如图 6.1 所示。

```
请输入被除数:
5
请输入除数:
0
java.lang.ArithmeticException: / by zero
```

图 6.1 利用 try-catch 处理除数为零异常

【程序解析】

上面的测试程序,在除数不为 0 的情况下可以正确运行,当除数为 0 时,抛出异常 ArithmeticException,程序终止执行。程序中定义三个变量 param1、param2、answer 分别用来保存输入的两个运算数和计算的答案。程序执行到 param1/param2 时,如果 param2 为 0,则抛出 ArithmeticException 异常,程序流程停止,转到异常处理。程序中第二个 catch 语句块用于处理输入输出异常。

以上程序只为实验,在解决实际问题时,对于此类运行时异常,可以采取条件测试的方法,避免异常发生。比如使用 if 判断被除数是否为 0,如果为 0,则不进行计算,或让其重新输入即可。

6.3 实验 2 多重 catch 异常处理

【实验目的】

(1) 使用多重 catch 处理异常。

(2) 使用 throw 关键字抛出异常对象。

(3) 理解 ArrayIndexOutOfBoundsException 和 NumberFormatException 异常类。

【实验内容】

编写程序求一个自然数阶乘,要求该自然数可以由命令行参数给出。注意:使用命令行参数时,用户有可能没有给出参数,或给出非自然数的参数。另外,用户输入的数值有可能为负整数,或者还存在其他异常。

【参考代码】

```
//Fact.java
public class Fact {
    public static void main(String[ ] args) {
        try {
            int num = Integer.parseInt(args[0]);
            if(num <= 0) {
                throw new NegativeNumberException("数值为负");
            }
            int fact = 1;
            for(int i = num; i > 0; i--) {
                fact *= i;
            }
```

```
                System.out.println(num + "的阶乘为" + fact);
            } catch (ArrayIndexOutOfBoundsException ex1) {
                System.out.println("请输入一个整数");
            } catch (NumberFormatException ex2) {
                System.out.println("输入非法数据格式");
            } catch (NegativeNumberException ex3) {
                System.out.println(ex3.getMessage());
            }
        }
    }

class NegativeNumberException extends Exception {
    public NegativeNumberException(String message) {
        super(message);
    }
}
```

【程序解析】

如果用户没有通过命令行给出参数，args[0]则无数据，这时就会抛出 ArrayIndexOutOfBoundsException 类型的异常对象，因此第一个 catch 语句用于捕获用户没有给出参数的异常。如果用户给出命令行参数，但该参数并不能通过 Integer.parseInt()方法转化为 int 型，如字符“a”，这时就会抛出 NumberFormatException 类型的异常对象，因此第二个 catch 语句用于捕获试图将非数值数据转换成数值数据的异常。第三个 catch 中的 NegativeNumberException 类型是一个自定义异常类，前面代码通过 if 语句判断，如果参数小于等于零，则使用 throw 关键字抛出该类型的异常对象，初始化异常信息为“数值为负”。

6.4 实验3 自定义异常

【实验目的】

(1) 使用自定义异常类。

(2) 使用 finally 关键字。

【实验内容】

使用自定义异常类，要求完成如下操作：定义一个 Account 类，包括存款余额、存款操作、取款操作、获取余额。如果存款余额小于取款额时，显示当前余额，并告知不能取款，否则显示取款成功的信息；如果单笔存款额或取款额高于 2000 元时，告知“单笔交易额不能高于 2000”，否则正常存款或取款。

【参考代码】

```
public class Account {
    private double balance = 5000;                          //假定存款初始值是5000元
    public double getBalance() {                            //显示余额
        return this.balance;
    }
    public void deposit(double newMoney) throws AccountException {      //存款
        if(newMoney > 2000) {
```

```
                throw new AccountException("单笔存款额不能高于 2000 元");
            }
            this.balance += newMoney;
        }
        public void draw(double newMoney) throws AccountException {         //取款
            if(newMoney > 2000) {
                throw new AccountException("单笔取款额不能高于 2000 元");
            }
            if (newMoney > this.balance) {
                throw new AccountException("存款余额不足");
            }
            this.balance -= newMoney;
        }
        public static void main(String[ ] args) {
            Account acc = new Account();
            try {
                acc.deposit(3000);                    //step 1 存款 3000 元,发生异常
                //acc.draw(2001);                     //step 2 取款 2001 元,发生异常
                //acc.draw(2000);                     //step 3 取款 2000 元,正常
                //acc.draw(2000);                     //step 4 取款 2000 元,正常
                //acc.draw(2000);                     //step 5 取款 2000 元,发生异常
            } catch(AccountException ex) {
                System.out.println(ex.getMessage());
            } finally {
                System.out.println("当前余额是" + acc.getBalance());
            }
        }
    }
    class AccountException extends Exception {
        public AccountException(String message) {
            super(message);
        }
    }
```

【程序解析】

针对存款和取款过程中有可能发生的异常情况，自定义异常类 AccountException，在取款和存款方法中使用 if 语句判断出现某种情况时，抛出 AccountException 类型对象，并将异常报错信息以参数方式传入。在具体操作时，若发生某种异常情况，异常对象将会调用 getMessage()方法获取报错信息。无论何种操作，发生或不发生异常，finally 关键字都能够保证在程序运行最后输出当前余额。

6.5 课外练习

1. 编写程序，判断用户输入的年份是否闰年，如果是，输出“闰年！”，否则抛出异常。

2. 编写程序，判断用户输入的密码，如果密码长度在 6～20 之间，输出“密码有效！”，否则抛出 IllegalPasswordException 异常。

3. 编写程序，使用自定义异常，实现判断用户输入年龄。如果用户输入的年龄为负数，

抛出 NegativeAgeException 异常；如果用户输入的年大于 125，抛出 TooOldException 异常；如果用户输入的不是数字，抛出 NotNumberException 异常。

4. 编写程序，实现如下功能。顾客去商店买日用物品，商店销售日用物品，且价格固定为 RMB12.00。该程序实现商店的买卖功能，顾客支付的钱数少于商品价格时，无法购得物品，并显示差额；多于商品价格时，购得物品，并显示找零金额。

CHAPTER 7

第7章 集合类

Java 语言的数据类型分为简单数据类型和复杂数据类型。简单数据类型是指如 char、int、float 等 8 种基本数据类型，复杂数据类型指的是指向对象的引用类型，包括类、接口和数组。对于大量数据的管理和操作，可以采用数组，也可以采用集合。数组不仅可以存放和操作简单数据类型，还可存储和操作复杂数据类型；集合只能存储和操作复杂数据类型。

7.1 预备知识

7.1.1 对象数组

对象数组和基本类型数组在定义和使用上几乎是相同的，都是用下标来表示数组内的元素，唯一的区别是对象数组保存的是对象的引用，而基本类型数组保存基本类型的值。

1. 定义和使用对象数组

定义对象数组和定义普通数组一样，可以先声明再创建，或同时进行，其一般形式如下：

```
ObjectType[ ] arrayName;
arrayName = new ObjectType[num];
```

或

```
ObjectType[ ] arrayName = new ObjectType[num];
```

与 C、C++不同的是，Java 在数组的声明中并没有为数组元素分配内存，因此[]中不用指出数组中元素个数，所以对于只是声明的数组不能访问它的任何元素。只有使用 new 关键字创建时，才为数组分配内存空间。

对象数组在使用之前要先对其初始化，即给数组中的每个元素赋值，否则对象数组的元素会默认是 null。这一点与普通数组不同，普通数组会根据数组内元素的类型给出默认初始值，而对象数组内存储的是对象，所以它默认的初始值是 null。

使用对象数组时需要注意以下几点：

- 使用对象数组时，需要注意数组下标越界问题，防止抛出 RuntimeException 异常；
- 对于 String 类型的对象数组，可以像对待基本数据类型数组一样对待；

- 比较两个数组中元素值是否相等,可以使用 equals()方法,而不能使用"==";
- 数组一般多用于排序和查找元素,对于插入和删除一般多采用集合类实现。

2. Arrays 类的使用

数组最常用的操作就是排序和查找元素。使用 java. util 包中的 Arrays 类可以完成数组的常见操作,Arrays 类中包含一些 static 修饰方法,可以用来直接操作数组。常用方法如表 7.1 所示。

表 7.1 Arrays 类的基本方法

名 称	说 明
sort( )	对指定的数组排序
binarySearch( )	对已排序的数组进行二元搜索,如果找到指定的值就返回该值所在的索引,否则就返回负值
fill( )	将数组中的所有元素设定为指定值
equals( )	比较两个数组中的元素值是否全部相等,如果是,则返回 true,否则返回 false

Arrays 类会根据传入的参数选择对应的重载方法,Arrays 类提供了对基本数据类型数组的直接操作,如果数组的类型是 8 种基本类型时,可以直接使用 Arrays 提供的这些静态方法。而对于对象数组,通常需要使用指定的 Comparator 比较器,或让对象实现 Comparable 接口,否则会抛出 ClassCastException 异常。对于已经实现 Comparable 接口的类,如 String、Date 等类的对象数组可以直接使用 Arrays 类的静态方法,对于自定义的、未实现 Comparable 接口的类,需要实现这个接口,重新使用 comparaTo()方法。

7.1.2 集合类

集合与数组类似,都可以存放大量数据,但又有很大的不同,除了存放数据的类型不同外,还有数组的大小是固定的,存放多少数据是需要先确定的,而集合没有大小限制。

集合有时又称为容器,其主要用途是存储对象。根据所存储对象的特点和存储的方式不同,Java 提供了很多不同的容器,对应不同的集合类,从而形成了功能体现完善的"集合框架"。其全部框架结构如图 7.1 所示。

图 7.1 比较复杂,初学者主要理解 List、Set 和 Map 三个集合类型,如图 7.2 所示。其中 List 和 Map 继承自 Collection,Map 自成体系,但与 Collection 有"血缘"关系。这些集合类型都位于 java. util 包中,使用时需要引入此包。

1. List 集合

List 是一个接口,主要特征是其元素以线性方式存储,集合中可以存放重复元素,元素是有序排列,即按照对象的添加的顺序保存对象,不做排序或编辑操作。另外,List 可以根据插入的数据量来动态改变大小,所以如果不知道需要存储的数据有多少,可以使用 List 来做容器。下面列举几种常用方法:

- boolean add(Object o)——向列表的尾部追加指定的元素。
- void add(int index, Object o)——添加对象 o 到位置 index 上。

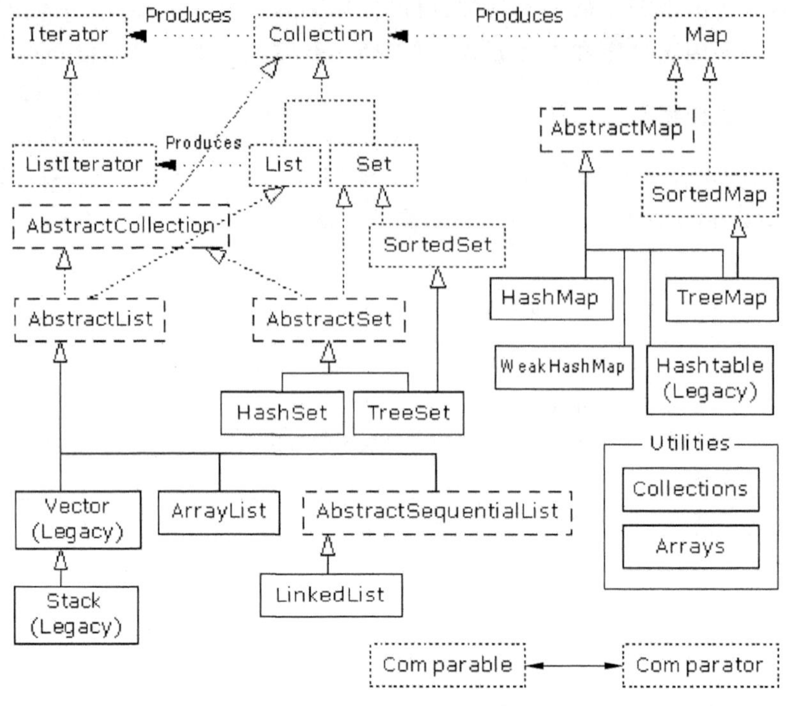

图 7.1 Java 集合框架结构图

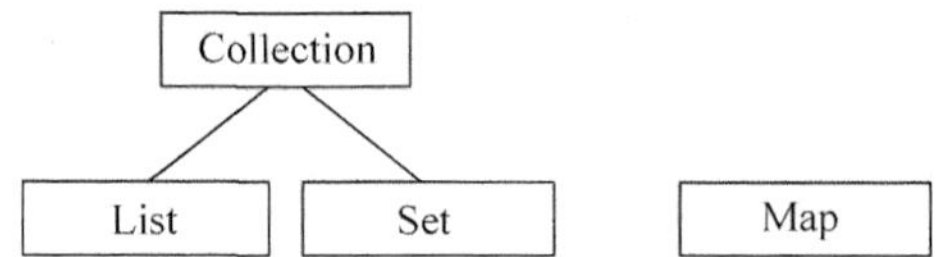

图 7.2 List、Set 和 Map 三个集合类型

- boolean addAll(int index, Collection c)——在 index 位置后添加容器 c 中所有的元素。
- Object get(int index)——取出下标为 index 的位置的元素。
- int indexOf(Object o)——查找对象 o 在 List 中第一次出现的位置。
- Iterator iterator()——返回以正确顺序在列表的元素上进行迭代的迭代器。
- int lastIndexOf(Object o)——查找对象 o 在 List 中最后出现的位置。
- Object remove(int index)——删除 index 位置上的元素。
- Object set(int index, Object o)——将 index 位置上的对象替换为 o。
- int size()——返回列表中的元素数。
- Object[] toArray()——返回以正确顺序包含列表中的所有元素的数组。

List 接口常用的实现类有 ArrayList 和 LinkedList。

ArrayList 相当于长度可以改变的数组,可以对其元素进行随机访问,允许元素为 null,对 ArrayList 中元素的排序和查找效率高,向 ArrayList 中插入和删除元素的效率低。ArrayList 类是"集合框架"中 Vector 类的替代者,它们之间的主要区别在于:Vector 是线程同步的,是线程安全的,ArrayList 默认不是线程同步的,不是线程安全的,所以 ArrayList

的效率相对较高。

LinkedList 是采用链表数据结构实现的,向 LinkedList 中插入和删除元素的效率高,排序和查找的效率低。除了实现 List 接口外,LinkedList 类还为在列表的开头及结尾元素,提供了统一的 get、remove 和 add 命名方法,这些操作使得 LinkedList 可以作为堆栈、队列或双向队列。

2. Set 集合

Set 是一个接口,主要特征是集合中的对象不按特定的方式排序,元素使用内部的排序机制,并且要求存放的元素不能重复,这是区别于 List 的最大特点。

Set 没有提供自己的新方法,其常用方法都是继承自 Collection 接口。以下列举了 Set 常用的方法:

- boolean add(Object o)——如果 set 中尚未存在指定的元素,则添加此元素。
- boolean addAll(Collection c)——如果 set 中没有指定 collection 中的所有元素,则将其添加到此 set 中。
- void clear()——移除 set 中的所有元素。
- boolean contains(Object o)——如果 set 包含指定的元素,则返回 true。
- int hashCode()——返回 set 的哈希码值。
- Iterator iterator()——返回在此 set 中的元素上进行迭代的迭代器。
- boolean remove(Object o)——如果 set 中存在指定的元素,则将其移除。
- int size()——返回 set 中的元素数。
- Object[] toArray()——返回一个包含 set 中所有元素的数组。

需要注意的是 Set 集合没有提供 get()方法,无法获取指定的元素,一般需要采取迭代器来获取。Set 接口的实现类有 HashSet 和 TreeSet。

HashSet 类是按照哈希算法来存取集合中的元素(底层是 HashMap 的实现),存取速度比较快。HashSet 不能保证元素的存取顺序,元素的存储顺序可能会和加入 Set 的顺序不一致。HashSet 的元素中可以有一个是 null,因为 Set 集合不允许元素重复。HashSet 判断插入的元素是否同一个的方法是调用该元素的 hashCode()方法,如果 hashCode()返回的结果相同,再判断 equals()方法,如果返回 true,则认为是同一个元素,不会插入 Set 集合,否则会插入 Set 集合。如果想实现自己判断元素是否重复,需要重写 hashCode()和 equals()方法。

TreeSet 采用树结构存取集合中的元素(底层是 TreeMap 实现),能保持存入元素的次序,能够对集合中的元素排序。TreeSet 是一个有序集合,插入的元素是按照升序排列,默认是按照自然顺序排列,所以元素要求实现 Comparable 接口,或者使用 Comparator 构造 TreeSet。TreeSet 不允许有重复元素,判断元素是否同一个的方法与 HashSet 一样,需要注意的是,TreeSet 的元素不可以为 null,因为 null 无法实现 Comparable 接口。

3. Map 集合

Map 是一个接口,与 List 和 Set 的不同在于 Map 没有继承 Collection 接口,而是独立于 Collection 体系的一种容器,一般习惯称为"映射"。因为 Map 容器中存储元素的方式与其他容器不同,它一次保存两个元素,其中一个称为“键”,即Key,另一个称为“值”,即Value。因此,Map存储的是一对Key-Value,是一种从Key到Value的映射。

Map的Key要求在整个容器中都是唯一的,不允许有重复,这类似于Set集合;Map的Value可以有相同的值,允许重复,这类似于List集合。Map按照“键-值对”的形式存储数据元素,可以很方便地通过“键”查询到“值”。

Map映射提供很多的方来操作Key-Value。大体可以分为三类:添加删除、查询操作、获取集合。

用来添加或删除元素的常用方法有:

- Object put(Object key, Object value)——用来存放一个键-值对Map中。
- Object remove(Object key)——根据key,移除一个键-值对,并将值返回。
- void putAll(Map t)——将另外一个Map中的元素存入当前的Map中。
- void clear()——清空当前Map中的元素。

用来执行查询操作的方法有:

- Object get(Object key)——根据key取得对应的值。
- boolean containsKey(Object key)——判断Map中是否存在某key。
- boolean containsValue(Object value)——判断Map中是否存在某value。
- int size()——返回Map中键-值对的个数。
- boolean isEmpty()——判断当前Map是否为空。

用来获取集合的方法有:

- Set keySet()——返回所有的key,并使用Set容器存放。
- Collection values()——返回所有的value,并使用Collection存放。

HashMap是基于哈希表的Map接口的实现类。HashMap实现提供所有可选的映射操作,并允许Key-Value为null,Key不允许重复,Value可以有重复。HashMap不能保证存取的顺序性,但可以提供快速的查询操作。

TreeMap是基于树结构的Map接口的实现类,另外TreeMap还实现了SortedMap接口。TreeMap也提供所有可选的映射操作,但不允许Key-Value为null,这不同于HashMap。TreeMap不但能够保持顺序,还提供排序功能,这与TreeSet类似。TreeMap要求存储的元素要实现Comparable接口,或者使用比较器Comparator构造TreeMap。

4. 迭代器Iterator

迭代器是一个对象,它可以遍历并访问容器中的元素。所有的集合和映射都提供iterator()方法,iterator()方法就可返回一个迭代器,即Iterator接口对象,它是一个对集合进行迭代的迭代器。下面列举迭代器的三个方法:

- boolean hasNext()——如果仍有元素可以迭代,则返回true。
- Object next()——返回迭代的下一个元素。
- void remove()——从迭代器指向的集合中移除迭代器返回的最后一个元素。

使用迭代器遍历容器元素的一般格式如下:

```
Iterator it = containerType.iterator();
while(it.hasNext()){
```

```
    ObjectType o = it.next();
    处理对象 o 的语句块;
}
```

调用容器的 iterator()方法，可以返回一个迭代器 it，然后用循环访问每个元素。it.hasNext()方法检验是否存在下一元素，若存在返回 true，否则返回 false。it.next()返回迭代元素，根据类型决定是否需要转换。

5. foreach 循环

foreach 循环也可以很方便地实现遍历容器中的元素。foreach 语句是在 JDK 5.0 后引入的，在遍历数组、集合方面，foreach 都提供了极大的方便。foreach 语句并不是用来替代 for 语句的，所有用 foreach 语句实现的遍历，都可以用 for 语句来实现。foreach 的一般格式如下：

```
for(elementType  elementName : containerName){
      处理对象 elementName 的语句块;
}
```

循环会访问容器 containerName 中的元素，每次取出一个，交给 elementName，然后执行循环体。该循环会自动循环使容器内所有元素都被访问一遍，而不需要控制循环条件，这给程序员带来了很大的方便。

6. 泛型

泛型是从 JDK 5.0 后引入的，泛型的本质就是参数化类型，把操作的数据类型，指定为参数。在没有引入泛型之前，一般通过 Object 的引用来实现参数的"任意化"，这样做的缺点是在引用的时候要进行类型转换，这就要求程序员必须知道实际参数的类型。而且数据转换有可能会抛出异常，造成程序运行的不稳定。

泛型可以在编译期间对容器内的对象进行类型检查，如果类型不匹配会报错，这样就避免在运行时进行类型的转换。泛型是编译时概念，运行时没有泛型。泛型可以用在类、接口和方法的创建中，分别称为泛型类、泛型接口、泛型方法。在定义一个泛型类的时候，在"<>"之间定义形式类型参数，但它们不代表值，而只是代表一种类型。

7.2 实验 1 对象数组的使用

【实验目的】

(1) 学习如何定义对象数组。

(2) 掌握对象数组的使用。

【实验内容】

编写一个程序，使用对象数组对学生信息进行学籍管理。学生信息包括学号、姓名、出生日期和系别。假设学校欲招收 4 名学生入学，学生报到顺序如下：

学号 姓名 出生日期 系别
203 张三 1983-03-03 计算机
102 李四 1981-01-01 会计
201 王五 1983-03-03 计算机
101 赵六 1981-01-01 会计

请按照上述报道顺序打印输出这些信息。然后对这4名学生排序,排序规则是首先按照系别排序,同系的学生按照学号排序,排序后的结果如下:

101 赵六 1981-01-01 会计
102 李四 1981-01-01 会计
201 王五 1983-03-03 计算机
203 张三 1983-03-03 计算机

程序的运行效果如图7.3所示。

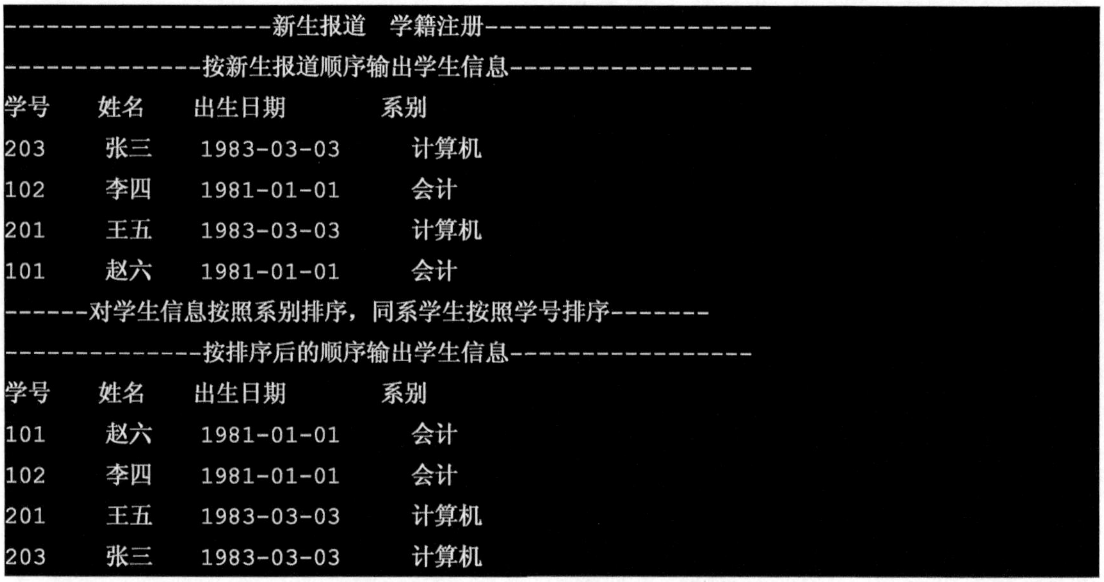

```
-------------------新生报道  学籍注册--------------------
--------------按新生报道顺序输出学生信息-----------------
学号    姓名    出生日期        系别
203     张三    1983-03-03      计算机
102     李四    1981-01-01      会计
201     王五    1983-03-03      计算机
101     赵六    1981-01-01      会计
------对学生信息按照系别排序,同系学生按照学号排序-------
--------------按排序后的顺序输出学生信息-----------------
学号    姓名    出生日期        系别
101     赵六    1981-01-01      会计
102     李四    1981-01-01      会计
201     王五    1983-03-03      计算机
203     张三    1983-03-03      计算机
```

图7.3 对象数组的使用

【参考代码】

(1) 编写程序Student类,代码如下:

```
import java.util.Date;

public class Student implements Comparable {
    private String sid;
    private String sname;
    private Date sbirthday;
    private String sdepartment;

    public String getSdepartment() {
        return sdepartment;
    }
```

```
    public void setSdepartment(String sdepartment) {
        this.sdepartment = sdepartment;
    }
    public Student() {
        super();
    }
    public Date getSbirthday() {
        return sbirthday;
    }

    public Student(String sid, String sname, Date sbirthday, String sdepartment) {
        super();
        this.sid = sid;
        this.sname = sname;
        this.sbirthday = sbirthday;
        this.sdepartment = sdepartment;
    }
    public void setSbirthday(Date sbirthday) {
        this.sbirthday = sbirthday;
    }
    public String getSid() {
        return sid;
    }
    public void setSid(String sid) {
        this.sid = sid;
    }
    public String getSname() {
        return sname;
    }
    public void setSname(String sname) {
        this.sname = sname;
    }
    public int compareTo(Object obj) {
        Student stu = (Student)obj;
        if(!this.sdepartment.equals(stu.getSdepartment())) {
            return this.sdepartment.compareTo(stu.getSdepartment());
        } else {
            return this.sid.compareTo(stu.getSid());
        }
    }
}
```

【程序解析】

Student 类用于封装学生信息，由于要求对学生信息排序，所以该类必须实现 Comparable 接口的 compareTo 方法，将排序规则“首先按照系别排序，同系的学生按照学号排序”在该方法中实现。

(2) 编写程序 StudentBiz 类，代码如下：

```
import java.util.Arrays;
```

```
public class StudentBiz {
    public void add(Student[ ] stus, Student stu) {
        for (int i = 0; i < stus.length; i++) {
            if(stus[i] == null) {
                stus[i] = stu;
                break;
            }
        }
    }

    public void print(Student[ ] stus) {
        System.out.print("学号\t");
        System.out.print("姓名\t");
        System.out.print("出生日期\t");
        System.out.print("系别\n");
        for (int i = 0; i < stus.length; i++) {
            if(stus[i] != null) {
                System.out.print(stus[i].getSid() + "\t");
                System.out.print(stus[i].getSname() + "\t");
                System.out.print(stus[i].getSbirthday() + "\t");
                System.out.print(stus[i].getSdepartment() + "\n");
            }
        }
    }

    public void sort(Student[ ] stus) {
        Arrays.sort(stus);
    }
}
```

【程序解析】

该类封装对学生信息操作的业务逻辑，包括添加学生信息的行为（add 方法）、打印学生信息的行为（print 方法）和排序学生信息的行为（sort 方法）。在 sort 方法中，使用 Arrays 类的静态方法 sort 对已经实现 Comparable 接口类型的对象进行排序。

（3）编写程序 Test 类，代码如下：

```
import java.sql.Date;

public class Test {
    public static void main(String[ ] args) {
        Student[ ] stus = new Student[4];
        StudentBiz biz = new StudentBiz();
        System.out.println("---------- 新生报道  学籍注册 ----------");
        Student stu1 = new Student("203", "张三", Date.valueOf("1983-03-03"), "计算机");
        Student stu2 = new Student("102", "李四", Date.valueOf("1981-01-01"), "会计");
        Student stu3 = new Student("201", "王五", Date.valueOf("1983-03-03"), "计算机");
        Student stu4 = new Student("101", "赵六", Date.valueOf("1981-01-01"), "会计");
```

```
        biz.add(stus, stu1);
        biz.add(stus, stu2);
        biz.add(stus, stu3);
        biz.add(stus, stu4);
        System.out.println("----------按新生报道顺序输出学生信息----------");
        biz.print(stus);
        System.out.println("----对学生信息按照系别排序,同系学生按照学号排序----");
        biz.sort(stus);
        System.out.println("----------按排序后的顺序输出学生信息----------");
        biz.print(stus);
    }
}
```

【程序解析】

程序首先创建含有4个元素的Student类型数组stus,每个数组元素是一个Student类型的引用,接着使用new关键字创建4个Student类型的对象,并且赋值给每个引用。这是使用对象数组的基本做法。

7.3 实验2 ArrayList的使用

【实验目的】

(1) 学习如何定义List类型集合类对象。

(2) 掌握ArrayList对象的使用。

【实验内容】

编写程序,使用ArrayList集合对学生成绩进行管理。学生成绩信息包括学号、姓名、课程名和成绩4项。假设有4条有成绩信息,如下:

学号	姓名	课程名	成绩
203	张三	Java	80.0
102	李四	C语言	75.0
201	王五	Java	55.0
101	赵六	JSP	65.0

请按照上述报道顺序打印输出这些信息。然后对这4条成绩信息进行排序,排序规则是首先按照课程名排序,相同课程名按照学号排序,排序后的结果如下:

学号	姓名	课程名	成绩
102	李四	C语言	75.0
101	赵六	JSP	65.0
201	王五	Java	55.0
203	张三	Java	80.0

此外,可以对学生成绩进行增、删、改、查的操作,例如按照如下操作:“删除李四的成绩”,“将201号学生的Java成绩由55分修改为60分”,“查找101号学生的成绩”。程序运行结果如图7.4所示。

```
原有集合元素如下
学号    姓名    课程名  成绩
203     张三    Java    80.0
102     李四    C语言   75.0
201     王五    Java    55.0
101     赵六    JSP     65.0

排序后集合元素如下
学号    姓名    课程名  成绩
102     李四    C语言   75.0
101     赵六    JSP     65.0
201     王五    Java    55.0
203     张三    Java    80.0

删除后集合元素如下
学号    姓名    课程名  成绩
101     赵六    JSP     65.0
201     王五    Java    55.0
203     张三    Java    80.0

修改学生成绩如下
201     王五    Java    60.0

学号    姓名    课程名  成绩
101     赵六    JSP     65.0
201     王五    Java    60.0
203     张三    Java    80.0

查找学生成绩如下
101     赵六    JSP     65.0
```

图 7.4 ArrayList 的使用

【参考代码】

(1) 编写程序 Score 类,代码如下:

```
public class Score implements Comparable<Score> {
    private String sid;
    private String sname;
    private String cname;
    private double score;
```

```
    public Score(String sid, String sname, String cname, double score) {
        super();
        this.sid = sid;
        this.sname = sname;
        this.cname = cname;
        this.score = score;
    }
    public String getCname() {
        return cname;
    }
    public void setCname(String cname) {
        this.cname = cname;
    }
    public double getScore() {
        return score;
    }
    public void setScore(double score) {
        this.score = score;
    }
    public String getSid() {
        return sid;
    }
    public void setSid(String sid) {
        this.sid = sid;
    }
    public String getSname() {
        return sname;
    }
    public void setSname(String sname) {
        this.sname = sname;
    }
    public int compareTo(Score score) {
        if (this.cname.equals(score.getCname())) {
            return this.sid.compareTo(score.getSid());
        } else {
            return this.cname.compareTo(score.getCname());
        }
    }
    public String toString() {
        return this.sid + "\t" + this.sname + "\t" + this.cname + "\t" + this.score + "\n";
    }
}
```

【程序解析】

Score类用于封装成绩信息，由于要求对成绩信息排序，所以该类必须实现Comparable接口的compareTo方法，排序规则“首先按照课程名排序，相同课程名按照学号排序”是在该方法中实现的。

(2) 编写程序TestList类，代码如下：

```
import java.util.ArrayList;
```

```
import java.util.Collections;
import java.util.List;

public class TestList {
    public static void main(String[ ] args) {
        List<Score> scoreList = new ArrayList<Score>();
        Score score1 = new Score("203", "张三", "Java", 80);
        Score score2 = new Score("102", "李四", "C语言", 75);
        Score score3 = new Score("201", "王五", "Java", 55);
        Score score4 = new Score("101", "赵六", "JSP", 65);

        scoreList.add(score1);                //逐一添加对象元素
        scoreList.add(score2);
        scoreList.add(score3);
        scoreList.add(score4);

        System.out.println("原有集合元素如下");
        print(scoreList);

        System.out.println("排序后集合元素如下");
        Collections.sort(scoreList);          //对 List 集合排序
        print(scoreList);

        System.out.println("删除后集合元素如下");
        scoreList.remove(score2);             //删除一个对象元素
        print(scoreList);

        System.out.print("修改学生成绩如下\n");
        System.out.println(update(scoreList, "201", 60));
        print(scoreList);

        System.out.print("查找学生成绩如下\n");
        System.out.println(query(scoreList, "101"));
    }

    public static void print(List<Score> scoreList) {
        System.out.print("学号\t姓名\t课程名\t成绩\n");
        for (int i = 0; i < scoreList.size(); i++) {
            System.out.print(scoreList.get(i));
        }
        System.out.println();
    }

    public static Score query(List<Score> scoreList, String sid) {
        for (int i = 0; i < scoreList.size(); i++) {
            Score score = (Score)scoreList.get(i);
            if (score.getSid().equals(sid)) {
                return score;
            }
        }
        return null;
```

```
    }

    public static Score update(List<Score> scoreList, String sid, double score) {
        for (int i = 0; i < scoreList.size(); i++) {
            Score objScore = (Score)scoreList.get(i);
            if (objScore.getSid().equals(sid)) {
                objScore.setScore(score);
                return objScore;
            }
        }
        return null;
    }
}
```

【程序解析】

程序使用 ArrayList 集合管理成绩信息，使用 add 方法向集合中添加 Score 对象，使用 for 循环遍历集合，在每次循环中使用 get 方法获得每个 Score 对象，这里也可使用 foreach 循环。使用 Collections 类对已经实现了 Comparable 接口的 Score 对象进行排序。使用集合的 remove 方法删除某个 Score 对象。

由于该题目要求对学生成绩进行排序，所以可以考虑使用 TreeSet 或 TreeMap 集合存储元素。

7.4 实验 3 HashMap 的使用

【实验目的】

(1) 学习如何定义 Map 类型集合类对象。

(2) 掌握 HashMap 对象的使用。

【实验内容】

编写程序，实现公司职员考核管理功能。程序中模拟考核成绩是随机生成的，如果员工的考核成绩不及格，将会被开除。考核后显示剩下员工的姓名和员工号。

【程序解析】

该程序没有要求排序问题，可以使用 HashMap 集合存储员工，用员工号做“键”，员工做“值”。考核后需要遍历集合，查看员工的考核成绩，如果不及格，从集合中删除，然后输出剩下的员工信息。

【参考代码】

(1) 编写程序 Employee 类，代码如下：

```
public class Employee {
    private String name;
    private String number;
    private float score;

    public Employee(String na,String nu,float sc){
        this.name = na;
        this.number = nu;
```

```
        this.score = sc;
    }
    public String toString(){
        return name + "\t" + number + "\t" + score;
    }
    public void setScore(float f){
        this.score = f;
    }
    public float getScore(){
        return this.score;
    }
}
```

(2) 编写程序 Test 类,代码如下:

```
import java.io.* ;
import java.math.* ;
import java.util.* ;
public class Test {
    public static void main(String[ ] args)
    {
        Map employees = new HashMap();
        employees.put("09001", new Employee("盖茨","09001",99f));
        employees.put("09001", new Employee("埃里森","09002",92f));
        employees.put("09001", new Employee("施瓦茨","09005",89f));
        System.out.println("考核开始!…");
        Iterator it  = employees.keySet().iterator();
        while(it.hasNext()){
            String num  = (String) it.next();
            Employee e  = (Employee)employees.get(num);
            float f = (float)Math.random() * 100;      //生成随机分数
            BigDecimal b = new BigDecimal(f);
            //格式化,四舍五入保留两位
            float newScore  = b.setScale(2, BigDecimal.ROUND_HALF_UP).floatValue();
            e.setScore(newScore);
            //小于 60,移出集合
            if(e.getScore()< 60){
                employees.remove(num);
            }
        ]
        System.out.println("考核合格的员工!");
        it = employees.values().iterator();
        while(it.hasNext()){
            Employee e  = (Employee)it.next();
            System.out.println(e);
        }
        if(employees.size() == 0){
            System.out.println("考核全部不合格!");
        }
    }
}
```

代码的运行结果如图 7.5 所示(运行结果不固定)。

```
考核开始! ……
考核合格的员工!
施瓦茨    09005            90.3
```

图 7.5 程序运行结果

【程序解析】

考核开始后,会迭代遍历集合中的所有元素,通过 e.setScore(newScore)将自动产生的分数赋给员工。因为自动生成分数是 double 类型的,转化为 float 时会保留六位小数,因此需要将其格式化,保留两位小数。BigDecimal 类提供了算术、标度操作、舍入、比较、哈希算法和格式转换等操作,可以使用户完全控制舍入的位数。代码中是四舍五入保留两位小数,当然也可以采用其他方式格式化输出,比如采用格式化控制字符串等。

通过 e.getScore()获取员工的分数,如果不及格,就从集合中删除。删除时采用 employees.remove(num),通过"键"来删除整个"键-值对"。最后将及格员工信息输出显示。

7.5 实验 4 泛型的使用

【实验目的】

(1) 学习如何使用泛型。

(2) 理解泛型的意义。

【实验内容】

编写程序,实现车辆管理功能。车辆有机动车和自行车,对不同类别的车实行不同的管理。要求实现查询车主、查询车辆编号功能。要求使用泛型。

【程序解析】

管理机动车和自行车,这是两个类别的对象,需要创建两个容器,不同类别的对象添加到不同的容器,因此可以创建两个 Set 集合,并且用泛型指定每个容器所存放的车辆类别。在存取的时候就无须强制类型转换了。

【参考代码】

```
import java.util.*;
public class ArrayDemo {
    public static void main(String[ ] args)
    {
       Set<Machine> machines = new HashSet<Machine>();
       Set<Bicycle> bicycles = new HashSet<Bicycle>();
       machines.add(new Machine("Thoms","TJ688",200f));
       machines.add(new Machine("Kate","QE527",180f));
       bicycles.add(new Bicycle("Lucy","B0912"));
       //输出集合中元素的信息
       System.out.println("机动车管理信息:");
```

```
        Iterator<Machine> it = machines.iterator();
        while(it.hasNext()){
            Machine m = it.next();
            System.out.println(m);
        }
        System.out.println("自行车管理信息：");
        Iterator<Bicycle> it2 = bicycles.iterator();
        while(it2.hasNext()){
            Bicycle b = it2.next();
            System.out.println(b);
        }
    }
}
//自定义 Machine 类
class Machine {
    private String owner;
    private String number;
    private float kmph;
    //定义构造方法
    public Machine(String ow,String nu,float km){
        this.owner = ow;
        this.number = nu;
        this.kmph = km;
    }
    public String toString(){
        return "车主：" + owner + "\t" + "车辆编号：" + number + "\t" + "最大时速：" + kmph +
"kmph";
    }
}
//自定义 Bicycle 类
class Bicycle {
    private String owner;
    private String number;
    //定义构造方法
    public Bicycle(String ow,String nu){
        this.owner = ow;
        this.number = nu;
    }
    public String toString(){
        return "车主：" + owner + "\t" + "车辆编号：" + number;
    }
}
```

代码的执行结果如图 7.6 所示。

【程序解析】

泛型经常用于指明容器中所存储元素的类型。在创建容器时，指定了各自的泛型，明确了每个容器所存储的元素类型，在使用时就无须强制类型转换了。泛型可以确保在编译阶段对容器中的类型检查，如果类型不匹配，会报错，避免在运行时抛出异常。

```
机动车管理信息:
车主: Kate  车辆编号: QE527 最大时速: 180.0kmph
车主: Thoms 车辆编号: TJ688 最大时速: 200.0kmph
自行车管理信息:
车主: Lucy          车辆编号: B0912
```

图 7.6 程序运行结果

7.6 课外练习

1. 现有一组字符串数组,格式如:{"aaa"," bbb"," ccc"},{"bbb"," ddd"},{"eee","fff"},{"ggg"},{"ddd","hhh"}。要求将其合成一个集合,其中元素不能有重复。输出合并后的集合元素。

2. 编写程序,要求实现处理邮件地址字符串。如用户输入邮件地址 user2009@163.com,程序可以实现分离用户名和邮件地址的功能,即将上面的邮件地址分为 user2009 和 163.com,将其存入 HashMap 中,用户名为"键",邮件地址为"值"。

3. 编写程序,完成客户查询管理功能。用户从控制台输入想要查询的客户姓名,打印输出客户的相关信息,包括联系方式、住址、邮编等。要求使用 Set 映射实现。

4. 编写程序,实现学生成绩管理功能。学生信息包括姓名、性别、学号、总分、各科的平均成绩,学生的信息要求从控制台输入。程序可以按照要求,以总分为主排序条件,如果总分有相同的,以平均成绩为次排序条件。

5. 编写程序,比较 List、Set、Map 三种容器存储元素的快慢。分别往三种容器中插入 50 000 个元素,比较它们所有时间的长短。将元素数目翻倍,再试一试。

6. 综合使用 Map 和 List,存储 BBS 各个版块的信息,版块之间存在父板块与子版块的关系,其中父版块包含若干子版块。

第8章 IO 操 作

Java 类库中的 IO 类非常直观地分成输入和输出两个部分，又按照输入或输出的是字节流还是字符流，分为面向字节或面向字符的 IO 操作。

8.1 预备知识

8.1.1 文件

File(文件)类是文件系统上一个文件或文件夹的代表。可以通过 File 类对文件或者文件夹进行一些操作，如修改属性、删除文件、创建文件夹等。File 类的这个名字有一些误导性，很多初学者认为它指代的是文件，实际上它还可以代表一个文件夹。这是因为在文件系统中，文件夹和文件从本质上没有区别，文件夹只是一种特殊的文件，里面保存了一组文件的名字而已。

1. 构造 File 类对象

为了使用 File 类，必须首先获得 File 类的对象，有如下构造方法：

- File(String pathname)——通过将给定的路径名字符串转换成抽象路径名来创建一个 File 类对象。如果该对象指定了一个文件，则 pathname 字符串必须包含指定文件的名字。例如：

```
File file1 = new File("c:/in.txt");
File dir1 = new File("c:/temp");
```

- File(String parent, String child)——将一个具体的文件或文件夹名分成两个部分，根据 parent 抽象路径名和 child 路径名字符串创建一个新 File 实例。parent 路径名字符串用于表示目录，child 路径名字符串用于表示目录或文件，例如下面的例子代表 C:\temp 文件夹下的 out.txt 文件：

```
File file2 = new File("c:/temp", "out.txt");
```

- File(File parent, String filename)——与第二种构造方式相比，仅有第一个构造方法 parent 的类型不同，其他的一切都没有变化。例如：

```
File file3 = new File(dir1, "out.txt");
```

2. File 类的常用操作

File 类提供了很多的方法，利用这些方法可以对文件或文件夹进行各种外部操作，常用方法如下：

- String getName( )——获取文件的名称。
- boolean canRead( )——判断文件是否可读。
- boolean canWrite( )——判断文件是否可写。
- boolean exists( )——判断文件是否存在。
- long length( )——获取文件的长度，以字节为单位。
- String getAbsolutePath( )——获取文件的绝对路径。
- String getPath( )——获取文件的父目录的路径。
- boolean isFile( )——判断当前实例是否为一个文件。
- boolean isDirectory( )——判断当前实例是否为一个文件夹。
- boolean isHidden( )——判断文件是否隐藏。
- long lastModified( )——获取文件的最后修改时间。
- File[] listFiles( )——返回一个 File 数组。

8.1.2 面向字节的 InputStream 类和 OutputStream 类

读取或写入字节的时候，可以使用以 InputStream 类和 OutputStream 类为父类的一系列 I/O 类，这里重点介绍使用 FileInputStream 和 FileOutputStream。

1. FileInputStream

FilterInputStream 类是 InputStream 类的一种子类，即文件输入流。FileInputStream 类的常用构造方法如下：

- FileInputStream(String name)——按给定的文件名构造对象。
- FileInputStream(File file)——为以 File 对象指定的文件构造对象。

第一个构造方法使用给定的文件名 name 创建一个 FileInputStream 对象，第二个构造方法使用一个 File 对象创建一个 FileInputStream 类型的对象。相对来说，第一种创建方法比较简单，而使用第二种方法可以在对文件进行读取之前进行一些分析工作，例如检查文件是否存在等。

FileInputStream 类的常用操作如下：

- int available()——返回下一次对此输入流调用的方法，可以不受阻塞地从此输入流读取(或跳过)的估计剩余字节数。
- void close()——关闭此文件输入流并释放与此流有关的所有系统资源。
- int read()——从此输入流中读取一个数据字节。
- int read(byte[] b)——从此输入流中将最多 b.length 个字节的数据读入一个 byte 数组中。

- int read(byte[] b, int off, int len)——从此输入流中将最多 len 个字节的数据读入一个 byte 数组中。
- long skip(long n)——从输入流中跳过并丢弃 n 个字节的数据。

2. FileOutputStream

FileOutputStream 类是 OutputStream 类的一种子类,即文件输出流。FileOutputStream 类的常用构造方法如下:

- FileOutputStream(String name)——按给定的文件名构造对象。
- FileOutputStream(File file)——为以 File 对象指定的文件构造对象。

可以看出,FileOutputStream 的构造方法与 FileInputStream 的构造方法几乎没有差别。但需要注意的是,对于 FileInputStream 来说,不能从一个不存在的文件中读取信息,但对于同一个文件,可以在其上打开两个以上的输入流。而 FileOutputStream 可以打开一个不存在的文件,但是两个输出流不能同时指向同一个文件。

FileOutputStream 类的常用操作如下:

- void close()——关闭此文件输出流并释放与此流有关的所有系统资源。
- void write(byte[] b)——将 b.length 个字节从指定 byte 数组写入此文件输出流中。
- void write(byte[] b, int off, int len)——将指定 byte 数组中从偏移量 off 开始的 len 个字节写入此文件输出流。
- void write(int b)——将指定字节写入此文件输出流。

BufferedInputStream 是带缓冲区的输入流,默认缓冲区大小是 8MB,能够减少访问磁盘的次数,提高文件读取性能;BufferedOutputStream 是带缓冲区的输出流,能够提高文件的写入效率。BufferedInputStream 与 BufferedOutputStream 分别是 FilterInputStream 类和 FilterOutputStream 类的子类,实现了装饰设计模式。

8.1.3 面向字符的 Reader 类和 Writer 类

读取或写入字符的时候,可以使用以 Reader 类和 Writer 类为父类的一系列 I/O 类,这里重点介绍使用 FileReader 和 FileWriter。

1. FileReader

FileReader 类是 InputStreamReader 类的一种子类。如果程序已经得到了一个 InputStream,而又需要进行字符的读取,这时候使用 InputStreamReader 是一个非常好的选择,如下所示:

```
InputStreamReader reader = new InputStreamReader(is);
```

这里,is 是 InputStream 类型的对象。

FileReader 类的常用构造方法如下:

- FileReader(String fileName)——在给定从中读取数据的文件名的情况下创建一个新 FileReader。

- FileReader(File file)——在给定从中读取数据的 File 的情况下创建一个新 FileReader。

2. FileWriter

FileWriter 类是 OutputStreamWriter 类的一种子类。

如果程序已经得到了一个 OutputStream，而又需要进行字符的输出，这时候使用 OuputStreamReader 是一个非常好的选择，如下所示：

```
OutputStreamWriter writer= new OutputStreamWriter(os);
```

这里，os 是 OutputStream 类型的对象。

FileWriter 类的常用构造方法如下：

- FileWriter(String name)——根据给定的文件名构造一个 FileWriter 对象。
- FileWriter(File file)——根据给定的 File 对象构造一个 FileWriter 对象。

BufferedReader 类为 Reader 提供缓冲能力，同时提供非常方便的 readLine( )方法，提高读取字符的效率。BufferedWriter 类为 Writer 提供缓冲能力，提高字符输出效率。

8.1.4 序列化

对于任何对象来说，只要实现了 Serializable 接口（该接口仅是一个标记接口，不包含任何方法，即仅仅声明就足够了），对象的序列化处理就会非常简单。

要序列化一个对象，需要下面几个简单的步骤：

(1) 需要一个输出目的，因此需要创建某些 OutputStream 对象。这个 OutputStream 对象可以是指向硬盘上的一个文件，也可以是网络上的一个服务。

(2) 将 OutputStream 封装到一个 ObjectOutputStream 对象内。ObjectOutputStream 是一个专门用于对象序列化的类。

(3) 调用 ObjectOutputStream 提供的 writeObject( )方法即可将对象序列化，转换成字节序列，并将其发送到 OutputStream 所指代的媒介中。

还原一个字节序列成为对象也是非常简单的，步骤如下：

(1) 用某一个 InputStream 打开硬盘上的文件，或者从网络中获取一个 InputStream 的实例，该实例连接着的服务器负责将字节序列发送到客户端。

(2) 将 InputStream 封装到一个 ObjectInputStream 中。ObjectInputStream 是一个专门用于还原对象的类。

(3) 调用 ObjectInputStream 类提供的 readObject( )方法，系统构造一个对象，返回一个 Object 类型的引用，它指向刚刚获得新生的对象，需要对该引用强制类型转换之后才能正常使用。

为了能够有效控制序列化的信息，可以用 transient(瞬时)关键字逐个字段的关闭序列化。

8.2 实验 1 字节流的使用

【实验目的】

(1) 掌握 File 类的使用。

(2) 掌握 FileInputStream 类和 FileOutputStream 类的使用。

【实验内容】

使用 java.io 包中 FileInputStream 类和 FileOutputStream 类完成图片复制的操作，将图片从某目录复制到另一目录下。

【参考代码】

```
import java.io.BufferedInputStream;
import java.io.BufferedOutputStream;
import java.io.File;
import java.io.FileInputStream;
import java.io.FileNotFoundException;
import java.io.FileOutputStream;
import java.io.IOException;

public class ImageCopy {
    public static void main(String[ ] args) {
        File dir = new File("c:/img");                    //创建目录实例
        if (!dir.exists()) {
            dir.mkdir();                                  //如果目录不存在,则创建该目录
        }
        File img = new File(dir, "peach.jpg");            //创建文件实例
//流对象在 try 块外声明,为的是扩大变量作用域,使其在 finally 块中关闭
        FileInputStream fis = null;
        FileOutputStream fos = null;
        BufferedInputStream bis = null;
        BufferedOutputStream bos = null;
        try {
            fis = new FileInputStream(img);
            bis = new BufferedInputStream(fis);           //创建带缓冲的输入流
            fos = new FileOutputStream("d:/taget.jpg");   //创建带缓冲的输出流
            bos = new BufferedOutputStream(fos);
            int b;
            while ((b = bis.read()) != -1) {              //读取每一个字节
                bos.write(b);                             //写入每一个字节
            }
        } catch (FileNotFoundException e) {
            e.printStackTrace();
        } catch (IOException e) {
            e.printStackTrace();
        } finally {                                       //在 finally 块中关闭所有的对象
            try {
                bis.close();
                bos.flush();                              //刷新此缓冲的输出流
```

```
                fis.close();
                fos.close();
            } catch (IOException e) {
                e.printStackTrace();
            }

        }
    }
}
```

【程序解析】

程序使用 File 类实例化目录及文件对象，使用 FileInputStream 和 BufferedInputStream 构建文件字节输入流对象，使用 FileOutputStream 和 BufferedOutputStream 构建文件字节输出流对象。最后，注意字节流的关闭操作。

8.3　实验 2　字符流的使用

【实验目的】

(1) 掌握 FileReader 类和 BufferedReader 类的使用。

(2) 掌握 FileWriter 类和 BufferedWriter 类的使用。

【实验内容】

使用 java.io 包中面向字符的输入流和输出流泪，完成如下操作：读取 D:\java\content.txt 文本文件中的内容(该内容含有中英文)，将读取后的字符串内容追加另外一段内容，然后重新写入该文本文件中去。例如，原有内容如图 8.1 所示。

追加后如图 8.2 所示。

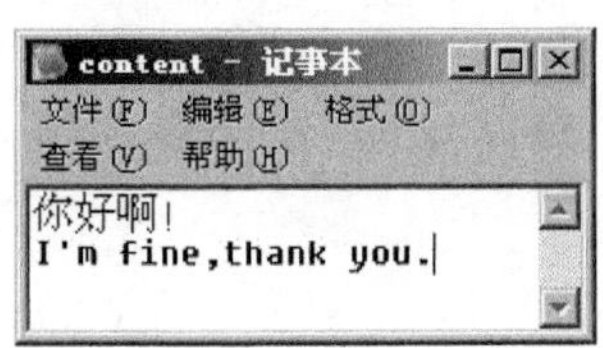

图 8.1　原有内容

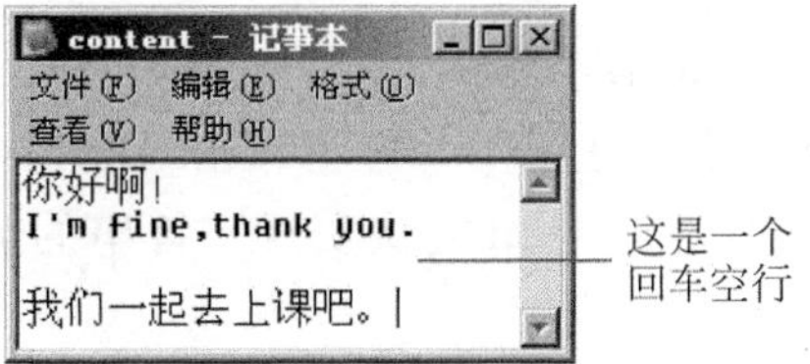

图 8.2　追加后内容

【参考代码】

```
import java.io.*;

public class ContentAppend {
    public static void main(String[ ] args) {
        File content = new File("d:/Java/content.txt");
        FileReader fr = null;
        BufferedReader br = null;
        FileWriter fw = null;
        BufferedWriter bw = null;
        try {
```

```
            fr = new FileReader(content);
            br = new BufferedReader(fr);
            fw = new FileWriter(content);
            bw = new BufferedWriter(fw);
            StringBuffer buf = new StringBuffer();
            String str;
            while((str = br.readLine()) != "\n") {
                buf.append(str);
                System.out.println(str);
            }
            buf.append("\r\n我们一起去上课吧。");
            bw.write(buf.toString());
        } catch(FileNotFoundException e) {
            e.printStackTrace();
        } catch(IOException e) {
            e.printStackTrace();
        } finally {
            try {
                br.close();
                bw.close();
            } catch(IOException e) {
                e.printStackTrace();
            }
        }
    }
}
```

【程序解析】

程序使用 File 类实例化目录及文件对象，使用 FileReader 和 BufferedReader 构建文件字符输入流对象，使用 FileWriter 和 BufferedWriter 构建文件字符输出流对象。使用 BufferString 类的 append 方法实现字符串的追加。

8.4 实验 3 序列化操作

【实验目的】

(1) 理解序列化的意义。

(2) 掌握 Serializable 接口的使用。

(3) 理解 transient 关键字。

【实验内容】

构建游戏账户实体类，包括用户名、密码、分数、过关程度等属性，使该类实现 java.io.Serializable 接口，实现序列化操作，模拟序列化控制某一个游戏玩家的当前信息。

注意：为安全起见，密码不能进行序列化存储。

【参考代码】

(1) 编写程序 User 类，代码如下：

```
import java.io.Serializable;

public class User implements Serializable{
    private int id;
    private String name;
    private transient String password;
    private int score;
    private int level;

    public User(int id, String name, String password, int score, int level) {
        this.id = id;
        this.name = name;
        this.password = password;
        this.score = score;
        this.level = level;
    }
    public void show( ) {
        System.out.println("id = " + id);
        System.out.println("name = " + name);
        System.out.println("password = " + password);
        System.out.println("score = " + score);
        System.out.println("level = " + level);
    }
    public int getId( ) {
        return id;
    }
    public void setId(int id) {
        this.id = id;
    }
    public String getName( ) {
        return name;
    }
    public void setName(String name) {
        this.name = name;
    }
    public String getPassword( ) {
        return password;
    }
    public void setPassword(String password) {
        this.password = password;
    }
    public int getScore( ) {
        return score;
    }
    public void setScore(int score) {
        this.score = score;
    }
```

```
    public int getLevel( ) {
        return level;
    }
    public void setLevel(int level) {
        this.level = level;
    }
}
```

【程序解析】

User 类是一个标准 JavaBean，实现了对用户名、密码、分数、过关程度等属性的封装，该类实现 Serializable 接口，同时为了保证密码不能进行序列化，使用 transient 关键字对该属性进行修饰。另外，为了显示方便，还设计了一个 show( )方法，打印对象的成员变量值。

(2) 编写程序 SeriTest 类，代码如下：

```
import java.io.FileInputStream;
import java.io.FileOutputStream;
import java.io.ObjectInputStream;
import java.io.ObjectOutputStream;

public class SeriTest {
    public static void main(String[ ] args) throws Exception{
        User u = new User(0,"jason","nosaj",23,2);
          ObjectOutputStream out = new ObjectOutputStream(new FileOutputStream("d:/ser.
info"));
        out.writeObject(u);
        out.close( );
        ObjectInputStream in = new ObjectInputStream(new FileInputStream("d:/ser.info"));
        Object obj = in.readObject( );
        in.close( );
        User user = (User)obj;
        user.show( );
    }
}
```

代码的运行结果如图 8.3 所示。

```
id=0
name=jason
password=null
score=23
level=2
```

图 8.3 序列化操作

【程序解析】

SeriTest 类通过调用 ObjectInputStream 和 ObjectOutputStream 中的 readObject( )和 writeObject( )方法，实现了对 User 类型的对象序列化与还原操作。最终，调用 User 类的 show( )方法，以验证对象是否正确地还原。

8.5 课外练习

1. 编写一个通讯簿,每条记录包括姓名、地址、固定电话、移动电话、电子邮件等,能够通过姓名进行查询;能够将通讯簿保存到文件中,并在下次打开程序时加载。

2. 编写一个列目录程序,通过命令行指定一个目录,能够在屏幕上输出该目录下的文件信息与子目录信息。

CHAPTER 9

第9章

多线程

多线程,即并行编程,通常能够显著地提高程序的性能。

9.1 预备知识

9.1.1 线程基本概念

1. 进程和线程的基础知识

进程:运行中的应用程序称为进程,拥有系统资源(CPU、内存)。

线程:进程中的一段代码,一个进程中可以拥有多段代码。线程本身不拥有资源,而是共享所在进程的资源。在Java中,程序入口被自动创建为主线程,在主线程中可以创建多个子线程。

并行有两个层次,即多进程与多线程。多进程是指在操作系统中能同时运行多个任务(程序),多线程是指在同一应用程序中有多个功能流同时执行。

2. 线程的主要用途

- 利用它可以完成重复性的工作(如实现动画、声音等的播放)。
- 从事一次性较费时的初始化工作(如网络连接、声音数据文件的加载)。
- 并发执行的运行效果(一个进程多个线程)以实现更复杂的功能。

9.1.2 线程创建与启动

通常有两种建立线程的方法:

- 继承Thread类。
- 实现Runnable接口。

其实这两种方法本质上是一样的,Thread类和Runnable接口的内容如图9.1所示。

```
Thread 类
public class Thread implements Runnable {
    public void run( ) { …};
    public void start( ) {…};
}
```

(a) Thread 类

```
Runnable 接口
public interface Runnable{
    public void run( );
}
```

(b) Runnable 接口

图 9.1 两种建立线程的方法

上面给出了 Runnable 接口的源代码，而 Thread 类列出了最核心的部分。从 Runnable 接口和 Thread 类可以看到，Thread 类实现了 Runnable 接口中声明的 run( )方法，该方法是线程的核心，称为线程体。当线程启动时，开始执行 run( )方法，而 run( )方法执行完毕时意味着线程的结束，每个线程都是通过某个对象的 run( )方法来完成其操作的。因此，对于程序员来说，任何已经实现了 Runnable 接口的类都可以作为线程的核心部分，而无论这个类是通过直接实现 Runnable 接口还是通过继承 Thread 而间接实现 Runnable 接口。从图 9.1 的 Thread 类中可以看到还有一个 start( )方法，这个方法负责在线程准备就绪后启动线程。

1. 继承 Thread 类实现多线程

通过继承 Thread 类的方式构造并启动线程，总结如下：

(1) 类需要声明继承 Thread 类。

```
public class SimpleThread extends Thread{}
```

(2) 编写自己的线程体，覆盖 Thread 类中的默认线程体。

```
public void run( ){ … }
```

(3) 构造线程对象，此时线程并没有执行。

```
SimpleThread st = new SimpleThread( );
```

(4) 调用 start( )方法启动线程，线程开始执行 run( )方法。

```
st.start( );
```

2. 实现 Runnable 接口实现多线程

通过实现 Runnable 接口来实现线程，需要以下几步：

(1) 编写类，声明要实现 Runnable 接口。

```
public class SimpleThread2 implements Runnable{}
```

(2) 实现线程体 run( )方法，这里的代码是核心代码，run 方法结束意味着线程结束。

```
public void run( ){ … }
```

(3) 利用 Thread 其他的构造方法来构造线程对象，此时线程并没有执行。

```
SimpleThread2 st2 = new SimpleThread2( );
Thread t = new Thread(st2);                              //t 即为线程对象
```

(4) 调用线程对象的 start( )方法,启动线程。

```
t. start( );
```

9.1.3 线程的生命周期

和人有生老病死一样,线程也有它完整的生命周期。

- 新生态(New):代表线程的对象已经被初始化,但尚未运行 run 方法。
- 就绪态(Runnable):线程正在运行 run 方法,但这只说明线程目前处于的状态,如果系统没有能力拨出 CPU 执行时间给线程,线程就"不执行",这里的"不执行"不代表"阻塞"或"死亡"。
- 阻塞态(Blcked):线程是可以执行的,但由于某些因素的阻碍处于停滞状态,系统排程器略过了应给的 CPU 执行时间。
- 死亡态(Dead):线程的正式结束方式,run 方法执行完毕并返回。

9.1.4 线程常用操作

1. 线程休眠

通过调用 Thread. sleep( )方法可以使当前线程放弃 CPU 控制权并进入休眠状态指定的时间。该方法通常是在 run( )方法中调用。

sleep( )的常见使用方法:

```
try {
    Thread. sleep(1000);
} catch(InterruptedException e) {
    e. printStackTrace( );
}
```

sleep( )方法需要一个参数,用于指定线程休眠的时间长度,单位是毫秒。因此,上面程序中线程会至少休眠 1s,醒来后会进入就绪态,等到 CPU 分配其时间片,即可再次进入运行状态。线程休眠期间有可能发生线程中断的情况,在这种情况下,sleep()方法会抛出 InterruptedException 异常,因此必须捕捉该异常,可以考虑将该异常信息打印到标准输出,以方便程序员检查错误。

2. 线程中断

当线程使用了 sleep( )方法或者因为某些方法如 wait( )方法的调用而进入阻塞状态,不能自己中断,此时又需要中断该线程,这时可以使用 Thread 类中的 interrupt( )方法使线程中断,但程序会抛出 InterruptedException 异常。

3. 线程联合

当一个线程 A 在执行过程中,需要插入另外一个线程 B,并要求线程 B 执行完毕,线程

A 才能继续执行时,可以通过 Thread 类的 join( )方法来完成。典型的使用方法如下:

```
public class JoinTest implements Runnable {
    Thread ta = …;
    Thread tb = …;
    public void run( ) {
        //do something
        tb.join( );              //本线程会等到 tb 线程执行完毕后,才继续执行下面的语句
        //do something
    }
}
```

4. 线程优先级

线程的优先级用数字来表示,范围从 1～10,即 Thread.MIN_PRIORITY 到 Thread.MAX_PRIORITY。一个线程的默认优先级是 5,即 Thread.NORM_PRIORITY。下述方法可以对优先级进行操作:

- int getPriority(); //得到线程的优先级。
- void setPriority(int newPriority); //当线程被创建后,可通过此方法改变线程的优先级。

5. 线程同步

为了解决资源共享问题,使用加锁机制,即每一时刻只能有一个线程对共享资源进行读写,就像上了一把锁,只有拥有钥匙的线程才能访问。当线程不再访问共享资源时,再把钥匙交出,由其他想访问该资源的线程竞争访问权。这种对共享资源加以控制的方法,称为同步。

1) 同步代码块

Java 语言为了解决同步问题,特意提供了一个关键字 synchronized。这个关键字有两种使用方式,分别对应与对代码块同步和对方法同步。经过 synchronized 关键字修饰过的程序块,任何时候都只能由一个线程来访问。其基本语法如下:

```
synchronized(Ojbect) {
        //…
}
```

需要注意的是,这里 synchronized 关键字后面的 Object 即为资源锁,该锁可以是任何一个对象引用,每一个 Object 对象都维持着一个锁状态。任何线程要运行 synchronized 修饰的代码块,都要先检查资源锁,看共享资源是否已经被加锁,如果没有加锁,则当前线程会马上设置加锁,防止其他线程访问该段代码,并开始执行代码块,最后,当执行完毕后,设置开锁,允许其他线程争夺该代码块。如果当前代码块已经加锁,说明已经有其他线程在执行代码块,因此,当前线程进入阻塞状态,直到其他线程执行完代码块并设置开锁,当前线程才能继续执行。

2) 同步方法

除了同步代码块的方法之外,Java 还可以同步方法,语法非常简单,例如:

```
synchronized void foo( ) { }
```

当调用某个对象的同步方法时，默认的资源锁即是该对象，此时，该对象上的其他同步方法不会被任何其他线程调用，直到本同步方法执行完毕才可继续。

6. 线程通信

在实际应用中，线程之间还需要互相配合以完成指定的工作，为此需要一种能够在线程间的通信机制，Java 线程之间通信是通过 wait( )、notify( )以及 notifyAll( )来实现的。

- wait( )：告诉当前线程放弃同步锁并进入睡眠状态(进入等待队列)，直到其他线程进入同一个同步锁并调用 notify 为止。
- notify( )：将从该同步锁的等待队列中删除一个任意选择的线程，这个线程将再次成为可运行的线程。
- notifyAll( )：将从该同步锁的等待队列中删除所有等待的线程，这些线程将成为可运行的线程。

9.2 实验 1 线程的创建与启动

【实验目的】

(1) 掌握创建线程的两种方法。

(2) 掌握启动线程的方法。

【实验内容】

编写程序，要求在主线程中启动 5 个子线程，每个线程都有自己的编号和一个初始值为 5 的计数器，每个线程在 run( )方法内部自动递减各自计数器，直到计数器为 0 时线程结束。打印输出子线程构造过程和各自计数器值的变化。

【参考代码】

```
public class SimpleThread extends Thread {
    private int countDown = 5;                          //计数器,初始值为 5
    private static int threadCount = 0;                 //记录线程的数量
    private int threadNumber = ++threadCount;           //线程的编号
    public SimpleThread( ) {
        System.out.println("正在构造" + threadNumber);
    }
    public void run( ) {
        while (true) {
            System.out.println("线程" + threadNumber + "(" + countDown + ")");
            if (--countDown = = 0)
                return;                                 //此处调用 return 跳出循环,结束线程
        }
    }
    public static void main(String[ ] args) {
        for (int i = 0; i < 5; i++){
            SimpleThread st = new SimpleThread( ); //构造线程
```

```
            st.start( );                                //启动线程
        }
          System.out.println("已经启动所有线程");
    }
}
```

代码的运行结果如图 9.2 所示(运行结果不固定):

```
正在构造1
正在构造2
线程1(5)
线程1(4)
正在构造3
线程1(3)
线程1(2)
线程1(1)
线程2(5)
线程3(5)
正在构造4
线程3(4)
线程3(3)
线程3(2)
线程3(1)
线程2(4)
线程2(3)
线程2(2)
线程2(1)
线程4(5)
线程4(4)
线程4(3)
线程4(2)
线程4(1)
正在构造5
已经启动所有线程
线程5(5)
线程5(4)
线程5(3)
线程5(2)
线程5(1)
```

图 9.2 线程的创建与启动

【程序解析】

可以从这个结果中看到，各种线程交替运行。首先是主线程在构造其他线程，但是当构造到第 2 个线程之后，已存活的线程 1 就获得 CPU，并开始处理自己的任务(计数器递减)，然后线程 2 也获得了 CPU，并完成了部分工作，之后主线程继续构造第 3 个线程等。

该程序也可以实现 Runnable 接口的方式，代码如下：

```
public class SimpleThread2 implements Runnable {
    private int countDown = 5;
    private static int threadCount = 0;
    private int threadNumber = ++threadCount;
     public SimpleThread2( ) {
         System.out.println("正在构造" + threadNumber);
     }
     public void run( ) {
         while (true) {
              System.out.println("线程" + threadNumber + "(" + countDown + ")");
              if ( -- countDown == 0)
                   return;
         }
     }
     public static void main(String[ ] args) {
         for (int i = 0; i < 5; i++) {
             SimpleThread2 st2 = new SimpleThread2( );
             Thread t = new Thread(st2);
             t.start( );
         }
         System.out.println("已经启动所有线程");
     }
}
```

【程序解析】

值得注意的是，启动一个线程时，并不是直接调用 Thread 子类对象的 run( )方法，而是调用 Thread 类中的 start( )方法，start( )方法负责产生一个新的线程，然后由该线程调用子类中的 run( )方法。

9.3 实验 2 改变线程优先级

【实验目的】

(1) 掌握线程优先级的设置方法。

(2) 观察不同优先级线程的运行情况。

【实验内容】

编写有 3 个不同优先级线程的程序，3 个线程分别输出 10 个 a、b、c，每输出一个停

(sleep)50ms,观察输出结果。

【参考代码】

(1) 编写 MyThread 类,代码如下:

```
class MyThread extends Thread {
    String message;
    MyThread (String message) {
        this.message = message;
    }
    public void run() {
        try {
            for (int i = 0; i < 10; i++) {
                System.out.println( message + " " + getPriority() );    //获得线程的优先级
                Thread.sleep(50);
            }
        } catch(InterruptedException e) {
            e.printStackTrace();
        }
    }
}
```

(2) 编写 Test 类,代码如下:

```
public class Test{
    public static void main (String[ ] args) {
        Thread t1 = new MyThread("a");
        t1.setPriority( Thread.MIN_PRIORITY );                    //设置优先级为最小
        t1.start( );
        Thread t2 = new MyThread("b");
        t2.setPriority( Thread.MAX_PRIORITY );                    //设置优先级为最大
        t2.start( );
        Thread t3 = new MyThread("c");
        t3.setPriority( Thread.MAX_PRIORITY );                    //设置优先级为最大
        t3.start( );
    }
}
```

代码的运行结果如图 9.3 所示(运行结果不固定):

【程序解析】

观察运行结果可知,t2 和 t3 线程由于设置为最大优先级,因此"b 10"和"c 10"在每次循环中均被较为优先地输出。

```
b 10
a 1
c 10
b 10
c 10
a 1
b 10
c 10
a 1
b 10
c 10
a 1
b 10
c 10
a 1
b 10
c 10
a 1
b 10
c 10
a 1
b 10
c 10
a 1
b 10
c 10
a 1
b 10
c 10
a 1
```

图 9.3 改变线程优先级

9.4 实验 3 线程的同步

【实验目的】

(1) 理解线程同步的意义。

(2) 掌握 synchronized 关键字的使用。

(3) 掌握同步代码块和同步方法。

【实验内容】

编写程序,模拟售票系统。假设有10张车票,创建2个线程共同卖票,即执行“num--”操作。

【参考代码】

(1) 同步代码块,代码如下:

```
public class TicketSell implements Runnable {
    int num = 10;
    public void run( ) {
        while (true) {
            synchronized ("") {
                if (num > 0) {
                  System.out.println(Thread.currentThread( ).getName( ) + "车票: " + num -- );
                } else {
                    return;
                }
            }
            try {
                Thread.sleep(10);
            } catch (Exception e) {
                e.printStackTrace( );
            }
        }
    }
    public static void main(String[ ] args) {
        TicketSell sell = new TicketSell( );
        Thread t1 = new Thread(sell);
        Thread t2 = new Thread(sell);
        t1.start( );
        t2.start( );
    }
}
```

【程序解析】

程序中的共享资源是车票的数量,即num,对num的操作必须用synchronized修饰。通过运行本实例,得到如图9.4所示的运行结果。

```
Thread-0 车票: 10
Thread-1 车票: 9
Thread-0 车票: 8
Thread-1 车票: 7
Thread-0 车票: 6
Thread-1 车票: 5
Thread-1 车票: 4
Thread-0 车票: 3
Thread-1 车票: 2
Thread-0 车票: 1
```

图9.4 线程的同步

可以看到,Thread-0 和 Thread-1 交替卖票,而且车票是按照顺序卖出的,没有出现乱序的现象,也没有出现卖出负数车票的现象。除了同步代码块的方法之外,Java 还可以同步方法。

(2) 同步方法,代码如下:

```
public class TicketSell implements Runnable {
    int num = 10;
    public synchronized void sell( ) {
        System.out.println(Thread.currentThread( ).getName( ) + " 车票: " + num -- );
    }
    public void run( ) {
        while (true) {
            if (num > 0) {
                sell( );
            } else {
                return;
            }
            try {
                Thread.sleep(10);
            } catch (Exception e) {
                e.printStackTrace( );
            }
        }
    }
}
```

运行结果与前面相同。

9.5 实验 4 生产者与消费者

【实验目的】

(1) 实现线程间的通信。

(2) 掌握 wait、notify 和 notifyAll 方法的使用。

【实验内容】

编写程序,模拟系统由生产者线程、消费者线程以及一个共享缓冲区组成,其中:

(1) 生产者不断写入,直到共享缓冲区满为止,一旦共享缓冲区有空间,生产者继续写入;

(2) 消费者不断读出,直到共享缓冲区为空,一旦共享缓冲区有内容,消费者继续读出;

(3) 共享缓冲器内部空间为 N(设 N=1),任一时刻只能有一个线程对缓冲区操作。

【参考代码】

(1) 编写生产者 Producer 类,代码如下:

```
class Producer extends Thread {
    Queue q;
    Producer(Queue q) {
        this.q = q;
```

```
    }
    public void run( ) {
        for (int i = 0; i < 10; i++) {
            q.put(i);
        }
    }
}
```

(2) 编写消费者 Consumer 类,代码如下:

```
class Consumer extends Thread {
    Queue q;
    Consumer(Queue q) {
        this.q = q;
    }
    public void run( ) {
        while (true) {
            q.get( );
        }
    }
}
```

(3) 编写共享缓冲区 Queue 类,代码如下:

```
class Queue {
    int value;
    boolean bFull = false;
    public synchronized void put(int i) {                // 只有获得同步锁,才能写入数据
        if (!bFull) {
            value = i;
            bFull = true;
            System.out.println("Producer put " + i);
            notify( );                                   // 有数据了,通知消费者线程
        }
        try {
            wait( );                                     //没有数据,阻塞自己,直到有数据为止
        } catch (Exception e) {
            e.printStackTrace( );
        }
    }
    public synchronized int get( ) {                     // 只要获得同步锁,才能读出数据
        if (!bFull) {
            try {
                wait( );                                 //没有数据了,阻塞自己,直到有数据为止
            } catch (Exception e) {
                e.printStackTrace( );
            }
        }
        bFull = false;
        System.out.println("Consumer get " + value);
        notify( );                                       //肯定有空间了,通知生产者线程
        return value;
```

```
        }
    }
```

(4) 编写主程序 Main 类，代码如下：

```
class Main {
    public static void main(String[ ] args) {
        Queue q = new Queue( );
        Producer p = new Producer(q);
        Consumer c = new Consumer(q);
        p.start( );
        c.start( );
    }
}
```

程序运行结果如图 9.5 所示。

```
Producer put 0
Consumer get 0
Producer put 1
Consumer get 1
Producer put 2
Consumer get 2
Producer put 3
Consumer get 3
Producer put 4
Consumer get 4
Producer put 5
Consumer get 5
Producer put 6
Consumer get 6
Producer put 7
Consumer get 7
Producer put 8
Consumer get 8
Producer put 9
Consumer get 9
```

图 9.5 生产者与消费者

9.6 课外练习

1. 编写一个继承 Thread 的类，覆盖 run( )方法，在 run( )方法中每 100ms 打印一句话。

2. 编写一个继承 Thread 的类，覆盖 run( )方法，在 run( )方法中维护一个独有的计数器，并利用 CPU 给予的一切机会不断累加该计数器。启动多个线程，给予每个线程不同的优先级，启动并在规定的时间中断这些线程，验证优先级对线程的影响。

3. 哲学家就餐问题：一组哲学家围坐在一个圆桌旁，每两个哲学家的中间有一只筷子，每位哲学家有三种状态，思考、饥饿和吃饭。他们吃完了就思考，思考了一会就会饿，饿了就想吃，然而，为了吃饭，他们必须获得左边和右边的筷子。当每个哲学家拿左边筷子的时候，如果这只筷子正在被使用，他就会坐等这只筷子；同样拿右边筷子时也一样。问题：每位哲学家吃饭时都采用同一个策略，先拿左边的筷子，再拿右边的筷子，请问会出现什么问题？如果有问题，如何去解决？尝试着编程来证明你的思路。

CHAPTER 10

第10章 Java网络编程

10.1 预备知识

10.1.1 Socket 简介

所谓 Socket,通常称作"套接字",用于描述 IP 地址和端口,建立网络连接时要使用 Socket,程序通过 Socket 向网络发送请求或者应答请求。套接字是通信的基础,是支持网络通信协议的基本接口。

Java 具有强大的网络编程能力,在 Java.net 包中有两个类 Socket 类和 ServerSocket 类。ServerSocket 类用于建立服务器程序监听端口,Socket 类用于数据通信,建立连接套接字,使得在程序中可以像读写文件一样从 Socket 读取数据和向 Socket 写入数据。OutputStream 类用于实现流 Socket 数据的接收,InputStream 类用于实现流 Socket 数据的发送。在连接成功时,网络应用程序两端都会产生一个 Socket 实例,操作这个实例,完成所需的会话。对于一个网络连接而言,套接字是平等的,没有差别,不因为在服务器端或在客户端而产生不同级别。

10.1.2 基于 TCP 协议的通信设计原理

Java 直接通过 TCP 或 UDP 两种底层协议与服务器交互,它提供了流 Socket(stream Socket)和数据包 Socket(datagram Socket)。利用流 Socket 可以建立面向连接的、可靠的网络通信,这种方式是基于 TCP 协议的。利用数据包 Socket 建立的是无连接的、非可靠的网络通信,这种方式是基于 UDP 协议完成的。

基于 TCP 协议的通信方式,服务器使用 ServerSocket 监听指定的端口,端口可以任意指定(一般使用大于 1024 的端口号),等待客户端发送的连接请求,客户端连接后,会话产生;在完成会话后,关闭连接。

客户端使用 Socket 对网络上某一个指定 IP 地址的服务器上的端口发出连接请求,一旦连接成功,打开会话;会话完成后,关闭 Socket。客户端自身不需要指定端口,通常会临时地、动态地分配一个 1024 以上的端口供其与服务器连接。

利用 Socket 方式进行数据通信与传输,大致有以下几个步骤:

(1) 创建服务器端 ServerSocket,设置建立连接的端口号,等待连接请求;

(2) 创建客户端 Socket 对象,设置绑定的主机名称或 IP 地址,指定连接端口号;

(3) 客户端 Socket 发起连接请求;

(4) 建立连接;

(5) 获取 InputStream 和 OutputStream 对象;

(6) 利用 InputStream 和 OutputStream 对象进行数据传输;

(7) 关闭 Socket 和 ServerSocket。

客户机/服务器模式(C/S 模式)的连接请求与响应过程如图 10.1 所示。

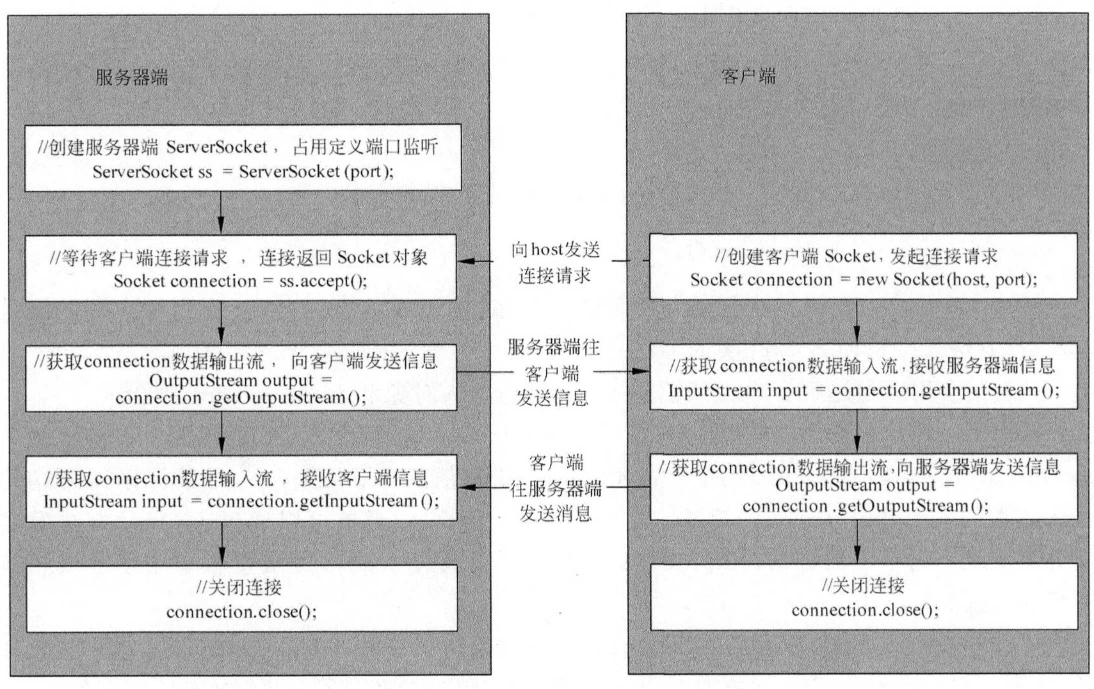

图 10.1 基于 TCP 协议的通信过程

10.1.3 面向连接的流 Socket 通信的实现

流套接字提供的是双向的、有序的、可靠的数据流服务。流套接字是面向连接的,基于 TCP 协议完成,在数据传输之前,需要进行“三次握手”,以建立虚拟的连接,并利用收到应答等方式实现其可靠性。

下面首先来实现一个简单的服务器和客户端应用。

1. 实现服务器

(1) 创建一个 ServerSocket 类对象。

ServerSocket 类的构造方法有以下几种形式:

```
public ServerSocket() throws IOException;
public ServerSocket(int port) throws IOException;
```

```
public ServerSocket(int port, int queueLength) throws IOException;
public ServerSocket(int port, int queueLength, InetAddress address) throws IOException;
```

其中,port 代表服务器套接字的端口号; queueLength 代表服务器可接收的最大连接数,默认为 50; address 代表服务器的 IP 地址。

使用无参构造方法 ServerSocket()将创建一个未绑定的套接字对象,这时需要调用 bind()方法进行绑定。具体操作如下:

```
ServerSocket ss = new ServerSocket();
ss.bind(endpoint);
ss.bind(endpoint, queueLength);
```

其中,endpoint 是 SocketAddress 类型的对象,它包含了服务器 IP 地址和端口信息,queueLength 为 int 型对象,指定了服务器的最大连接数。

(2) 建立监听。

建立监听是通过 ServerSocket 类的 accept()方法来实现的。

```
Socket connection = ss.accpet();
```

accpet()方法一经调用就会一直处于监听状态,即阻塞状态,直到接收到客户端的连接请求,该方法才会返回 Socket 类对象的引用。

(3) 获取用于与远程客户端通信的 OutputStream 对象和 InputStream 对象。

获取用于与远程客户端通信的 OutputStream 对象可以通过调用 Socket 类的 getOutputStream()方法; 获取用于与远程客户端通信的 InputStream 对象可以通过调用 Socket 类的 getInputStream()方法。其中,OutputStream 对象可以通过 write()方法发送单个字节或一组字节的数据; InputStream 对象可以通过 read()方法接收单个字节或一组字节的数据。

要获取 OutputStream 对象和 InputStream 对象可以使用 ObjectOutputStream 对象和 ObjectInputStream 对象实现,这样对 Socket 的读写可以像对文件读写一样的方便。实现如下:

```
ObjectOutputStream output = new ObjectOutputStream(connction.getOutputStream());
ObjectInputStream input = new ObjectInputStream(connction.getInputStream());
```

完成这一步,就可以利用 output 对象和 input 对象来对 Socket 数据实现发送和接收了。

(4) 数据发送与数据接收。

利用 ObjectOutputStream 类的 writeObject()方法进行数据的准备,利用 flush()方法将数据发送出去。

```
output.writeObject(obj);                              //obj 对象为待发送的数据对象
output.flush();
```

利用 ObjectInputStream 类的 readObject()方法进行数据的读取。

```
input.readObject();
```

(5) 关闭连接。

数据操作完成后,可以通过调用 Socket 类的 close()方法实现连接的关闭。

```
output.close();
input.close();
connection.close();
```

2. 实现客户端

(1) 创建一个 Socket 类对象作为连接套接字。

常用的 Socket 类的构造方法有两个:

```
public Socket();
public Socket(String host, int port) throws UnknownHostException, IOException;
```

无参构造方法 Socket()创建一个空的套接字对象,创建好的空套接字需要调用 bind()方法进行参数绑定,并调用 connet()方法实现连接服务器。经过绑定和连接的套接字对象才可以进行数据的发送与接收。

```
Socket connection = new Socket();
connection.bind(address, port);                  //address 表示绑定的 IP 地址,port 表示绑定的
                                                 //端口号
connection.connect(serverAddr, serverPort); //sercerAddr 表示连接的服务器 IP 地址,
                                                 //serverPort 表示服务器端口号
```

构造方法 Socket(String host, int port)直接指定了要连接的服务器的 IP 地址和端口号,也就是说直接创建了一个已经连接好的套接字对象,可以直接用于数据的发送与接收。

(2) 获取用于与远程客户端通信的 OutputStream 对象和 InputStream 对象。

获取客户端用于与远程客户端通信的 OutputStream 对象和 InputStream 对象的方法同服务器端方法一样。

```
ObjectOutputStream output = new ObjectOutputStream(connction.getOutputStream());
ObjectInputStream input = new ObjectInputStream(connction.getInputStream());
```

这样利用 output 对象的 writeObject()方法进行数据的准备,利用 flush()方法将数据发送出去。利用 input 对象的 readObject()方法进行数据的读取。

(3) 关闭连接。

当客户端通信完成后,通过 close()方法关闭连接。

```
output.close();
input.close();
connection.close();
```

需要注意,Socket 类的绝大多数操作都有可能抛出 IOException 的子类对象,因此对这些操作应放在 try 块中进行异常监控,并在 catch 块中对相应的异常进行捕获和处理。

10.2 实验 1 远程数据通信

【实验目的】

(1) 理解端口与套接字。

(2) 掌握 ServerSocket 类。

(3) 完成基于 TCP 协议的网络聊天室系统。

【实验内容】

(1) 实现服务器端与单个客户端通信。

(2) 实现服务器端与多个客户端通信。

【实现步骤】

1. 服务器端与客户端简单通信

设计一个基于 TCP 协议的服务器端与客户端进行通信的实例。本例有服务器端程序与客户端程序两部分组成。根据上面的介绍,服务器端具体实现代码如下:

```
//服务器端
import java.net. * ;
import java.io. * ;

public class Server {
  public static void main(String[ ] args) throws Exception {
    ServerSocket ss = new ServerSocket(8000);  //服务器端口号设置为 8000
    Socket s = ss.accept();                     //等待连接请求,一旦连接成功返回 Socke 对象
    BufferedReader in = new BufferedReader(
        new InputStreamReader(s.getInputStream()));         //获取数据输出流
    PrintWriter out = new PrintWriter(
        new BufferedWriter(new OutputStreamWriter(
            s.getOutputStream())), true);                   //获取数据输入流
    String str = in.readLine();                             //读取来自客户端的数据信息
    System.out.println("服务器接收到数据: " + str);
    out.println("发送到客户端数据: " + str);                //向客户端发送数据信息
    s.close();                                              //关闭 Socket 对象
    ss.close();                                             //关闭 ServerSocket 对象
  }
}
```

客户端具体代码如下:

```
//客户端
import java.net. * ;
import java.io. * ;
import java.util. * ;

public class Client {
  public static void main(String[ ] args) throws Exception {
    InetAddress server = InetAddress.getByName("127.0.0.1"); //定义服务器 IP 地址
    Socket s = new Socket(server, 8000);                    //发起连接请求
    BufferedReader in = new BufferedReader(
        new InputStreamReader(s.getInputStream()));         //获取数据输入流
    PrintWriter out = new PrintWriter(
        new BufferedWriter(new OutputStreamWriter(
            s.getOutputStream())), true);                   //获取数据输出流
    Scanner input = new Scanner(System.in);                 //从命令行接收用户待发送信息
```

```
        out.println(input.nextLine());                          //向服务器端发送数据信息
        String str = in.readLine();                             //读取来自服务器端的数据信息
        System.out.println(str);
        s.close();                                              //关闭 Socket 对象
    }
}
```

上述代码可以实现服务器端接收来自客户端的一条数据信息，运行结果如图 10.2 所示。

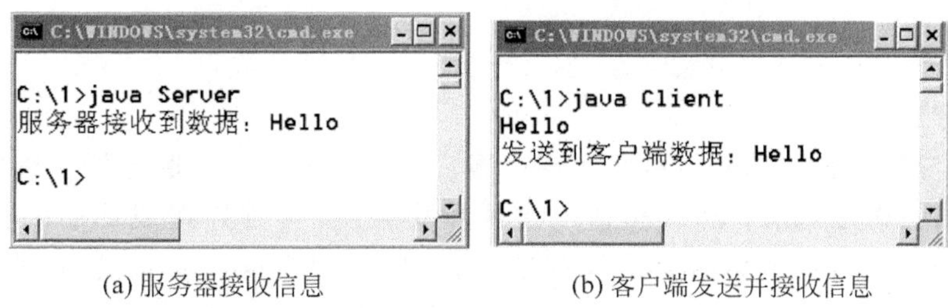

(a) 服务器接收信息　　(b) 客户端发送并接收信息

图 10.2　服务器端与客户端通信

如果服务器端要接收来自客户端的多条数据信息，需要对上述代码的读取及发送数据信息部分进行修改。服务器端处理数据信息代码变化如下：

```
//服务器端
while(s.isConnected()) {                        //利用循环来实现多条信息的处理
        String str = in.readLine();
        if (str.equals("exit")) {               //客户端发送"exit"表示通信结束
                break;
        }
        System.out.println("服务器接收到数据：" + str);
        out.println("发送到客户端数据：" + str);
}
```

客户端处理数据信息代码变化如下：

```
//客户端
while (s.isConnected()) {                       //利用循环来实现多条信息的处理
        Scanner input = new Scanner(System.in);
        String info = input.nextLine();         //从命令行接收用户输入数据信息
        out.println(info);                      //向服务器端发送信息
        String str = in.readLine();             //读取来自服务器端的数据信息
        if (info.equals("exit")) {              //向服务器端发送"exit"表示通信结束
            break;
        }
          System.out.println(str);
}
```

修改后的代码可以实现客户端向服务器端发送多条信息的功能，运行结果如图 10.3 所示。

C:\WINDOWS\system32\cmd.exe - java Server

C:\2>java Server
服务器接收到数据：Hello
服务器接收到数据：测试第二句话
服务器接收到数据：测试第三句话

(a) 服务器接收多条信息

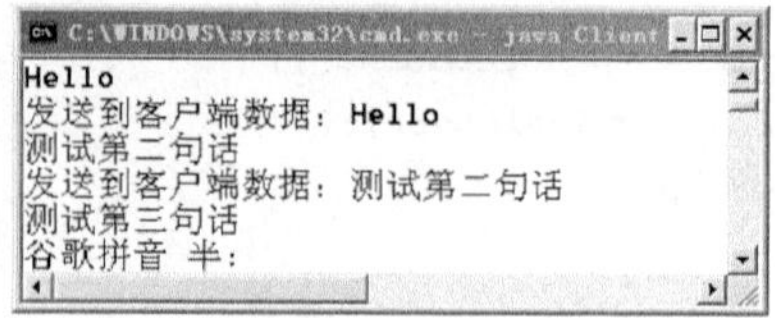

(b) 客户端发送并接收多条信息

图 10.3　修改后的服务器端与客户端通信

2. 服务器端与多个客户端通信

【程序解析】

服务器端与多个客户端通信可以实现多客户端之间的通信。服务器主程序监听一个端口，等待客户端的连接请求；同时构造一个线程类，准备接管连接成功后的会话。当一个Socket会话产生后，将这个会话交给线程处理，然后主程序继续监听其他的客户端发出的连接请求。而线程负责将接收到的信息转给所有与之相连接的客户端。具体过程如图 10.4 所示。

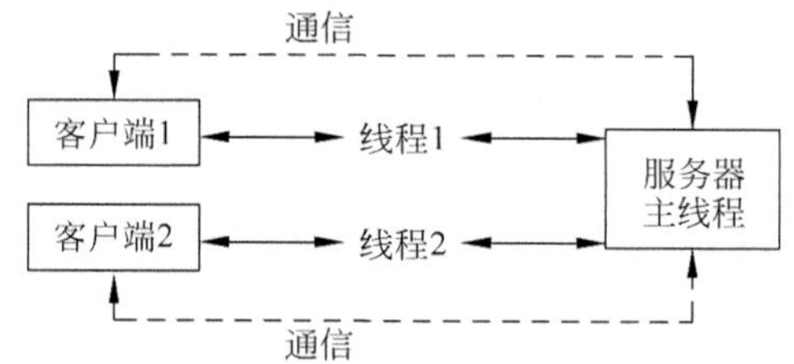

图 10.4　应用多线程建立连接

服务器端代码如下：

```
//服务器端
import java.net.*;
import java.io.*;
import java.util.*;

public class Server {
  private ServerSocket ss;
  private List<ServerThread> services;          //用于多客户端连接响应的线程列表

  public Server() throws Exception {
     ss = new ServerSocket(8000);
     services = new ArrayList<ServerThread>();
     while(true) {                              //服务器总是等待来自客户端的连接请求
         Socket s = ss.accept();
         //一旦连接成功,构造一个 ServerThread 线程类接管会话
         ServerThread service = new ServerThread(s);
         services.add(service);                 //将当前线程添加至线程列表
     }
  }
```

```
    //线程内部类
    public class ServerThread extends Thread {
        private Socket s;
        private BufferedReader in;
        private PrintWriter out;

        public ServerThread(Socket s) throws Exception {
            this.s = s;
            in = new BufferedReader(
                new InputStreamReader(s.getInputStream()));  //获取会话数据输入流
            out = new PrintWriter(
                new BufferedWriter(new OutputStreamWriter(
                    s.getOutputStream())), true);             //获取会话数据输出流
            start();                                          //启动线程
        }

        public void run() {
            try {
                while(s.isConnected()) {
                    String str = in.readLine();               //接收来自客户端的数据信息
                    if (str.equals("exit")) {
                        services.remove(this);                //断开连接,将线程对象移除
                        this.s.close();
                        break;
                    } else {
                        //向所有客户端发送数据信息
                        for(ServerThread service : services) {
                            service.out.println("发送到客户端数据: " + str);
                        }
                    }
                    System.out.println("服务器接收到数据: " + str);
                }
            }catch(Exception e) {
                e.printStackTrace();
            }
        }
    }
    public static void main(String[ ] args) throws Exception {
        new Server();                                         //启动服务器端
    }
}
```

客户端代码如下:

```
//客户端
import java.net.*;
import java.io.*;
import java.util.*;
public class Client {
    private Socket s;
    private BufferedReader in;
```

```
    private PrintWriter out;

    public Client() throws Exception{
      InetAddress server = InetAddress.getByName("127.0.0.1");
      s = new Socket(server, 8000);
      in = new BufferedReader(
          new InputStreamReader(s.getInputStream()));
      out = new PrintWriter(
          new BufferedWriter(new OutputStreamWriter(
              s.getOutputStream())), true);
      new ClientThread();                                //启动客户端线程
      input();                                           //发送信息
    }
    //定义发送信息的方法
    public void input() throws Exception{
      while (s.isConnected()) {
        Scanner input = new Scanner(System.in);
        String info = input.nextLine();
        if(info.equals("exit")) {
            break;
        }
        out.println(info);
      }
    }
    //客户端线程类
    public class ClientThread extends Thread {
      public ClientThread() {
        start();                                         //启动线程
      }

      public void run() {
        try {
            while (s.isConnected()) {
              String str = in.readLine();
              if (str.equals("exit")) {   break;   }
                System.out.println(str);
            }
        } catch(Exception e) {
          e.printStackTrace();
        }
      }
    }

    public static void main(String[ ] args) throws Exception {
      new Client();                                      //启动客户端
    }
}
```

该代码可以实现多个客户端之间的通信,运行结果如图 10.5 所示。

本实验使用 Socket 实现远程数据通信,包括一个客户端向服务器发送多条消息及多个

```
C:\WINDOWS\system32\cmd.exe - java Server
C:\3>java Server
服务器接收到数据：嗨，你好
服务器接收到数据：Hello
服务器接收到数据：这是我发出的第二句话
```

(a) 服务器接收多个客户端信息

(b) 一个客户端发送并接收信息

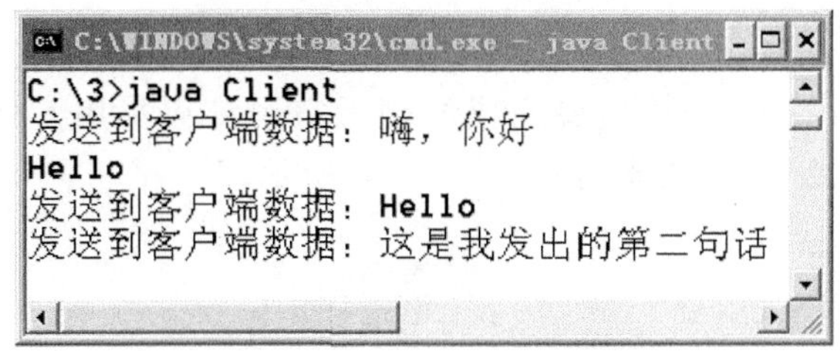

(c) 另一个客户端发送并接收信息

图 10.5 多客户端通信的实现

客户端向服务器发送多条消息来实现多客户端通信。

10.3 实验 2 基于 Swing 的多线程网络聊天室系统

【实验目的】

(1) 理解端口与套接字。

(2) 掌握 ServerSocket 类。

(3) 完成基于 Swing 的多线程网络聊天室系统。

【实验内容】

1. 聊天室系统需求

简易的聊天室是为喜爱聊天的用户开发设计的，能实现基本的点对多、点对点聊天功能，并实现了基本的用户功能，如登录、注销、查看在线用户等。具体需求描述如下：

(1) 用户设置——用户可以自定义登录名，成功设置后，服务端能接收到新设置的用户名；

(2) 登录功能——在服务器端开启服务的情况下，用户可以以自己定义或者默认的登录名和登录 IP 地址端口号登录到客户端，并能在服务器端显示登录状态；

(3) 公聊——用户在聊天室中可以选择与“所有人”聊天,聊天室中的其他在线用户可以正常接收并正确显示公聊消息。

(4) 私聊——用户可以选择与聊天室的在线用户列表中的某一个用户聊天。双方的聊天记录对于聊天室的其他用户是不可见的。

(5) 聊天心情——用户在聊天的过程中可以选择相应的心情来表达自己的情感。

(6) 系统消息——服务器端正常运行的过程中,在聊天室的每一个用户都能接收服务器端发送的系统信息提示信息。

(7) 用户的状态——每一个客户端用户都可以实时看到目前其他在线用户的状态。

(8) 用户注销——用户可以注销自己的账号,并重新登记登录名和地址。

(9) 用户退出——用户可以在正常情况下退出聊天室。

(10) 服务器端控制——只有在服务器端服务启动的情况下,用户才能登录客户端并聊天;用户设置的地址端口也必须与服务器端的监听端口一致,否则不能登录。服务器端可以控制服务的启动及关闭等。

2. 聊天室系统功能介绍

根据功能需求分析后可以看出,要完成的聊天室系统应采用 C/S 架构,由服务器端和客户端构成。具体聊天室系统功能结构如图 10.6 所示。

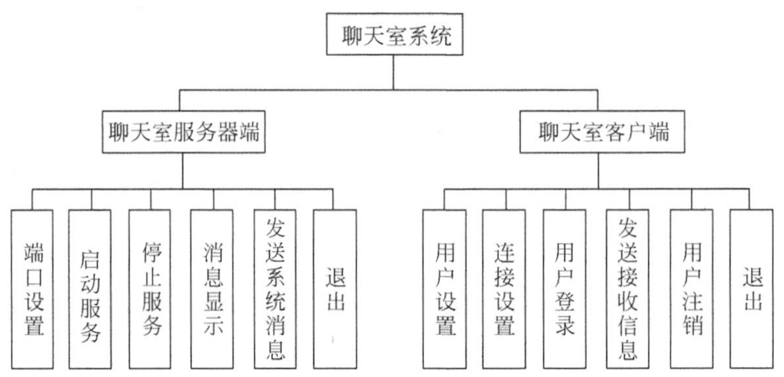

图 10.6 聊天室系统功能结构图

3. 聊天室系统功能与主要实现类

(1) 根据功能结构图可以看出,聊天室服务器端应具有以下功能:

① 端口设置——待监听的端口号,默认为 8888;

② 启动服务——建立监听,接收来自客户端的连接请求,客户端可以登录并聊天通信;

③ 消息显示——可以接收、显示来自客户端的聊天信息内容,并显示用户上线、下线的情况;

④ 发送系统消息——可以向个别或所有客户端发送系统消息;

⑤ 停止服务——向所有客户端发送关闭服务器的系统消息,客户端用户不能再聊天通信;

⑥ 退出服务器——停止服务并退出系统。

实现以上功能，主要需要建立如表 10.1 所示的相关类。

表 10.1 服务器端相关类

序号	类 名	作 用
1	ChatServerFrame	服务器主框架类，该类提供人机交互界面，并实现服务器启动、停止、关闭、消息显示及发送系统消息等功能。其中，调用 ServerListenThread 类来实现服务器端用户上线与下线的监听，调用 ServerReceiveThread 类来实现服务器端的消息收发
2	ServerListenThread	服务器监听线程类，该类继承自父类 Thread 类，负责接收监听客户端的连接请求，实现服务器端用户上线与下线的监听
3	ServerReceiveThread	服务器接收信息类，该类继承自 Thread 类，该类是实现服务器端的消息的接收与发送的类，并对消息类型做出判断和相应响应的功能
4	PortConf	端口设置界面类，该类继承自 JDialog 类，是给用户提供对服务器端监听端口进行修改配置的界面
5	SercerHelp	服务器端提供帮助信息的帮助类

(2) 聊天室客户端应具有以下功能：

① 用户设置——用户可以设置自己的用户名进行聊天；

② 连接设置——用户可以设置待连接的服务器 IP 地址和端口号，默认的连接地址为：127.0.0.1，端口号为 8888；

③ 用户登录——连接服务器，发送用户登录请求。只有启动聊天室服务器端服务后，用户才能登录；

④ 用户注销——退出聊天，恢复初始化界面；

⑤ 发送和接收聊天信息——用户只有登录之后才能发送或接收信息，可以给所有人或者个别用户发送信息，并能看到其他用户发送给自己或所有人的消息；可以接收服务器发送的系统信息，并对停止服务器进行响应；

⑥ 退出——关闭所有聊天并退出客户端。

实现以上功能，客户端主要需要建立如表 10.2 所示的两个类。

表 10.2 客户端相关类

序号	类 名	作 用
1	ChatClientFrame	该类用于提供完成用户之间聊天的基本功能界面，并实现用户登录与注销功能，当登录到指定的服务器时，调用 ClientReceiveThread 类实现聊天信息的发送功能
2	ClientReceiveThread	该类继承自父类 Thread 类，该类实现服务器端与客户端消息收发的类。该线程一启动，就一直处于接收信息的状态，直到用户注销下线或服务器停止服务
3	ConnectConf	该类继承自 JDialog 类，是用户对所要连接的服务器 IP 地址及监听端口进行修改配置的类
4	UserConf	该类继承自 JDialog 类，是用户对连接到服务器所显示的用户名进行修改配置的类
5	ClientHelp	提供客户端程序的帮助类

(3) 为了完成聊天室系统多用户聊天的功能，还需要对多用户进行管理，需要如表 10.3 所示的其他辅助类。

表 10.3 其他相关类

序号	类　名	作　用
1	Node	用户链表的节点类，用于定义链表中的用户
2	UserInfoList	用户信息链表节点的具体实现类。该类通过构造方法构造用户链表数据结构，定义添加用户，删除用户、返回用户数、根据用户名查找用户、根据索引查找用户 5 个方法

【实现步骤】

1. 相关辅助类

1) Node.java

定义用户链表的节点类，用于描述单个用户信息的数据结构。Node 类拥有 5 个成员属性：用户昵称、套接字、输入流、输出流和一个 next 指针。Node 类定义代码如下：

```
import java.io.*;
import java.net.*;
/**
 * 用户链表的结点类
 */
public class Node {
    String username = null;                        //用户昵称
    Socket socket = null;                          //客户端 Socket 套接字对象
    ObjectOutputStream output = null;              //数据输出流
    ObjectInputStream input = null;                //数据输入流
    Node next = null;                              //next 指针
}
```

2) UserInfoList.java

用户信息链表节点的具体实现类。该类通过构造方法构造用户链表数据结构，定义添加用户、删除用户、返回用户数、根据用户名查找用户、根据索引查找用户 5 个方法。

```
/**
 * 用户链表
 */
public class UserInfoList {
    Node root;                          //链表根节点
    Node pointer;                       //操作链表的游标
    int count;                          //用户链表中的元素个数

    /**
     * 构造用户链表,对成员属性初始化
     */
    public UserInfoList() {
```

```
        root = new Node();              //创建链表根节点
        root.next = null;
        pointer = null;
        count = 0;                      //初始元素个数为 0
    }

    /**
     * 添加用户,完成用户信息节点的添加功能
     */
    public void addUser(Node n) {
        pointer = root;                 //从链表根节点开始,游标指向根节点
        while (pointer.next != null) {  //判断是否为链表尾部
            pointer = pointer.next;     //游标后移
        }
        pointer.next = n;               //添加用户节点 n 到节点链表尾
        n.next = null;
        count++;                        //元素个数加 1
    }

    /**
     * 删除用户,完成用户信息节点的删除功能.参数为要删除的节点对象
     */
    public void delUser(Node n) {
        //请自行添加删除用户代码
    }

    /**
     * 返回用户数,提供返回链表中元素个数的功能
     */
    public int getCount() {
        return count;                   //返回当前链表的元素个数
    }

    /**
     * 根据用户名查找用户
     */
    public Node findUser(String username) {
        //请自行添加根据用户名查找用户代码
    }

    /**
     * 根据索引查找用户
     */
    public Node findUser(int index) {
        if (count == 0) {
            return null;
        }
        if (index < 0) {
            return null;
        }
        pointer = root;
```

```
            int i = 0;
            while (i < index + 1) {
                if (pointer.next != null) {
                    pointer = pointer.next;
                } else {
                    return null;
                }
                i++;
            }
            return pointer;
        }
    }
```

2. 服务器相关类

1）ServerListenThread.java

服务器监听线程类，该类继承自父类 Thread 类，负责接收监听客户端的连接请求，并且为该用户启动专业线程，处理与此用户相关的操作，实现服务器端用户上线与下线的监听。

```
import java.net.*;
import java.awt.*;
import java.awt.*;
import javax.swing.event.*;
import javax.swing.*;
import java.io.*;

public class ServerListenThread extends Thread {
    ServerSocket server;                                    //监听套接字
    JComboBox combobox;                                     //用户列表框
    JTextArea textarea;                                     //聊天信息框
    JTextField textfield;                                   //提示信息框
    UserInfoList userLinkList;                              // 用户信息链表
    Node client;
    ServerReceiveThread recvThread;                         //服务器接收线程
    public boolean isStop;
    /*
     * 聊天服务器端的用户上线与下线监听类
     */
    public ServerListenThread(ServerSocket server, JComboBox combobox,
            JTextArea textarea, JTextField textfield, UserInfoList userLinkList) {
        this.server = server;
        this.combobox = combobox;
        this.textarea = textarea;
        this.textfield = textfield;
        this.userLinkList = userLinkList;
        isStop = false;
    }
    public void run() {
        while (!isStop && !server.isClosed()) {            //如果监听套接字处于打开状态
```

```
            try {
                client = new Node();                    //创建用户信息节点
                client.socket = server.accept();        //监听客户端连接
                client.output = new ObjectOutputStream(client.socket
                        .getOutputStream());            //获取输入流
                client.output.flush();
                client.input = new ObjectInputStream(client.socket
                        .getInputStream());             //获取输出流
                client.username = (String) client.input.readObject();    //读取用户昵称
                // 显示提示信息
                combobox.addItem(client.username);
                userLinkList.addUser(client);
                textarea.append("用户 " + client.username + " 上线" + "\n");
                textfield.setText("在线用户" + userLinkList.getCount() + "人\n");
                recvThread = new ServerReceiveThread(textarea, textfield,
                        combobox, client, userLinkList);        //创建服务器接收线程
                recvThread.start();                             //启动线程
            } catch (Exception e) {
            }
        }
    }
}
```

2) ServerReceiveThread.java

服务器接收信息类，该类继承自 Thread 类，是实现服务器端的消息的接收与发送的类，具有对消息类型做出判断和相应响应的功能。

服务器接收到客户端的信息有两种，聊天信息和下线请求。

当服务器接收到客户端发来的聊天信息时，对信息的发生对象进行判断。如果发生对象为所有用户，则将此信息转发给所有用户；如果发生对象为特定用户，则将此信息转发给指定用户。

当服务器接收到的是客户端的下线请求时，则关闭所有与该用户相关的输入流、输出流和套接字，并将此用户从在线用户列表中删除，向所有在线用户发送该用户已下线的通知，向所有在线用户重新发送最新用户列表。

```
import javax.swing.*;
import java.io.*;
import java.net.*;

public class ServerReceiveThread extends Thread {
    JTextArea textarea;                                      //聊天记录框
    JTextField textfield;                                    //提示信息框
    JComboBox combobox;                                      //用户列表框
    Node client;
    UserInfoList userLinkList;                               //在线用户链表
    public boolean isStop;
    /*
```

```
     * 聊天服务器端的用户信息收发监听类
     */
    public ServerReceiveThread(JTextArea textarea, JTextField textfield,
            JComboBox combobox, Node client, UserInfoList userLinkList) {
        this.textarea = textarea;
        this.textfield = textfield;
        this.client = client;
        this.userLinkList = userLinkList;
        this.combobox = combobox;
        isStop = false;
    }
    public void run() {
        sendUserList();                                   //向所有人发送最新在线用户列表
        while (!isStop && !client.socket.isClosed()) {
            try {
                String type = (String) client.input.readObject();      //读取信息类型
                if (type.equalsIgnoreCase("聊天信息")) {                  //如果是聊天信息
                    String toSomebody = (String) client.input.readObject();//读取发生对象
                    String status = (String) client.input.readObject();    //读取发生状态
                    String action = (String) client.input.readObject();    //读取发生动作
                    String message = (String) client.input.readObject();   //读取发生内容
                    String msg = client.username + " " + action + "对 "
                            + toSomebody + " 说 : " + message + "\n";      //组合聊天信息
                    if (status.equalsIgnoreCase("悄悄话")) {
                        msg = " [悄悄话] " + msg;
                    }
                    textarea.append(msg);
                    //判断发生对象
                    if (toSomebody.equalsIgnoreCase("所有人")) {
                        sendToAll(msg);                     //向所有在线用户转发聊天消息
                    } else {                                //如果发生给指定用户
                        try {
                            client.output.writeObject("聊天信息");
                            client.output.flush();
                            client.output.writeObject(msg);
                            client.output.flush();
                        } catch (Exception e) {
                            System.out.println(e.getMessage());
                        }
                        Node node = userLinkList.findUser(toSomebody);
                        if (node != null) {
                            node.output.writeObject("聊天信息");
                            node.output.flush();
```

```
                    node.output.writeObject(msg);
                    node.output.flush();
                }
            }
        } else if (type.equalsIgnoreCase("用户下线")) {  //处理用户下线请求
            //在用户链表中查找用户
            Node node = userLinkList.findUser(client.username);
            userLinkList.delUser(node);                    //删除用户
            String msg = "用户 " + client.username + " 下线\n";
            //重置用户列表组合框
            int count = userLinkList.getCount();
            combobox.removeAllItems();
            combobox.addItem("所有人");
            int i = 0;
            while (i < count) {
                node = userLinkList.findUser(i);
                if (node == null) {
                    i++;
                    continue;
                }
                combobox.addItem(node.username);
                i++;
            }
            combobox.setSelectedIndex(0);          //设置默认选中项
            textarea.append(msg);
            textfield.setText("在线用户" + userLinkList.getCount() + "人\n");
            sendToAll(msg);                        //向所有人发送用户下线消息
            sendUserList();                        //重新发送最新在线用户列表
            break;
        }
    } catch (Exception e) {
        System.out.println(e.getMessage());
    }
  }
}
/*
 * 向所有人发送消息
 */
public void sendToAll(String msg) {
    //请自行添加向所有人发送消息代码
}
/*
 * 向所有人发送用户的列表
```

```
 */
public void sendUserList() {
    //请自行添加向所有人发送用户列表代码
}
```

3) ChatServerFrame.java

该类是用来定义服务器端主框架类，需要实现服务器启动、停止、端口设置、退出、消息显示及发送系统消息等功能，默认服务器端口设置为8888，界面如图10.7所示。

图 10.7 服务器界面

启动服务后，服务器开始在设置的端口中监听等待连接请求。用户连接后在服务器端可以选择给所有人或者个别用户发送消息，客户端只有在服务器端开启的情况下才能正常聊天，如图10.8和图10.9所示。

该类添加事件响应代码如下：

```
/**
 * 事件处理
 */
@SuppressWarnings("deprecation")
public void actionPerformed(ActionEvent e) {
    Object obj = e.getSource();
    if (obj == startServer || obj == startItem) {                // 启动服务设置
        startService();
    } else if (obj == stopServer || obj == stopItem) {           // 停止服务设置
        int j = JOptionPane.showConfirmDialog(this, "是否要停止服务?", "停止服务",
```

聊天室服务器
服务 帮助
端口设置 启动服务 停止服务 退出
服务端已启动，在8888端口监听...
用户 我要学Java 上线
发送至：所有人
发送消息
所有人
我要学Java
发送
在线用户

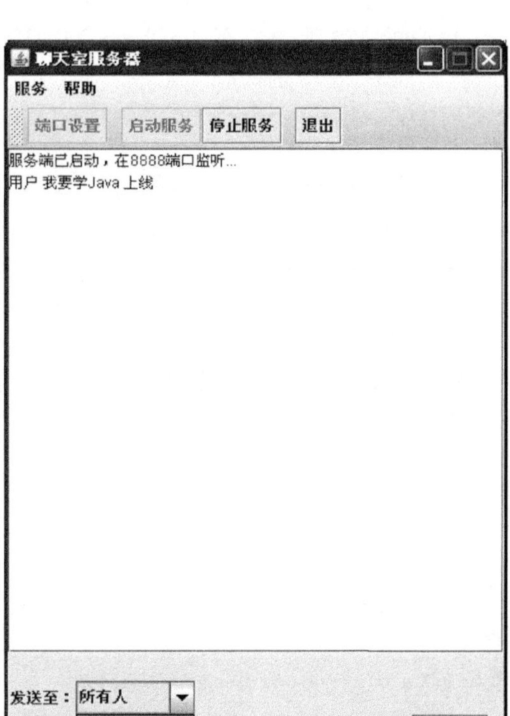

图 10.8 服务器端启动服务

聊天室服务器
服务 帮助
端口设置 启动服务 停止服务 退出
服务端已启动，在8888端口监听...
用户 我要学Java 上线
用户 李思 上线
用户 Java新手 上线
我要学Java 微笑地对 所有人 说：大家好，初次见面!
李思 微笑地对 所有人 说：你好
Java新手 微笑地对 所有人 说：我是新手，以后还请多多指教!
我要学Java 高兴地对 所有人 说：太客气了，有问题大家一起讨论
Java新手 高兴地对 所有人 说：谢谢，谢谢
李思 轻轻地对 所有人 说：我有事先离开一下。。。
用户 李思 下线
我要学Java 轻轻地对 Java新手 说：你刚开始学习Java?
Java新手 高兴地对 所有人 说：恩，这个聊天室怎么用Java
Java新手 高兴地对 我要学Java 说：可以告诉我快速学习Java的方法吗?
用户 李思 上线
我要学Java 微笑地对 Java新手 说：从基础开始，慢慢来
李思 轻轻地对 所有人 说：我回来了
大家好，这是专门给大家学习提供交流平台
发送至：所有人
发送消息
发送
在线用户3人

图 10.9 服务器端聊天界面

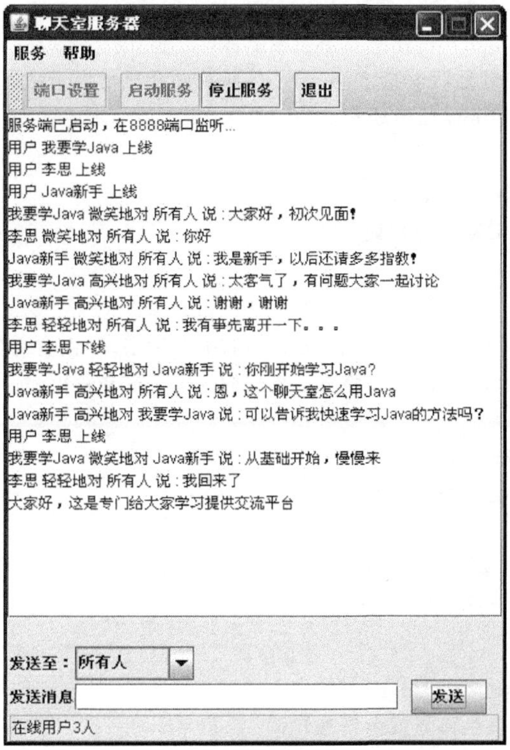

```
                JOptionPane.YES_OPTION, JOptionPane.QUESTION_MESSAGE);
        if (j == JOptionPane.YES_OPTION) {
            stopService();
        }
    } else if (obj == portSet || obj == portItem) {             // 端口设置
        // 实例化端口设置界面
        PortConf portConf = new PortConf(this);
        portConf.setVisible(true);
    } else if (obj == exitButton || obj == exitItem) {          // 退出
        int j = JOptionPane.showConfirmDialog(this, "是否要退出系统?", "退出",
                JOptionPane.YES_OPTION, JOptionPane.QUESTION_MESSAGE);
        if (j == JOptionPane.YES_OPTION) {
            stopService();
            System.exit(0);
        }
    } else if (obj == helpItem) {                               // 帮助
        // 实例化帮助设置
        ServerHelp helpDialog = new ServerHelp(this);
        helpDialog.setVisible(true);
    } else if (obj == sysMessage || obj == sysMessageButton) { // 发送
        sendSystemMessage();
    }
}
/**
 * 启动服务,先创建监听套接字,并调用界面控件和显示提示信息,
 * 再创建并启动服务器监听线程
 */
public void startService() {
    //请自行添加启动服务代码
}
/**
 * 停止服务,完成关闭服务的功能.先关闭监听套接字,停止响应客户端额度连接,
 * 再关闭所有与用户连接的套接字以及它们的输入流和输出流。
 */
public void stopService() {
    //请自行添加停止服务代码
}
/**
 * 发送停止服务消息
 */
public void sendStopToAll() {
    //请自行添加发生停止服务消息代码
}
```

```
    /**
     * 向所有在线用户发送系统消息
     */
    public void sendMsgToAll(String msg) {
        //请自行添加发送给所有人消息代码
    }
    /**
     * 发送系统消息,对发送对象进行判断,如果为所有人,则将消息发给所有在线用户;
     * 如果该消息发送给指定用户,则将消息发送给指定用户。
     */
    public void sendSystemMessage() {
        //请自行添加发送系统消息代码
    }

    public static void main(String[ ] args) {
        new ChatServerFrame();
    }
}
}
```

4) PortConf. java

端口设置界面类,该类继承自 JDialog 类,是给用户提供对服务器端监听端口进行修改配置的界面,界面如图 10.10 所示。具体代码请自行添加。

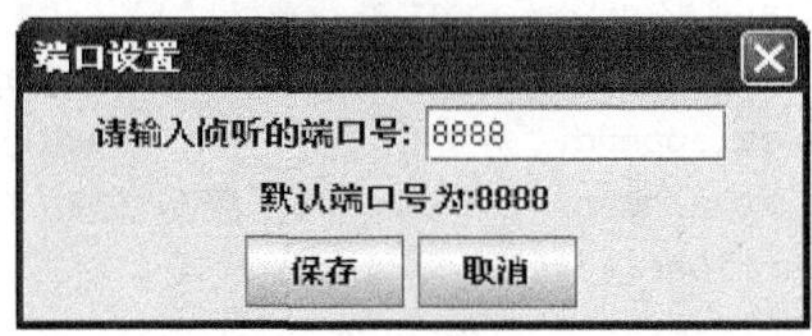

图 10.10 设置端口界面

3. 客户端相关类

1) ClientReceiveThread. java

客户端接收线程,主要负责接收服务器发来的信息,并对信息进行分析,执行相应操作。

客户端接收来自服务器的信息有三种:聊天信息或系统消息、在线用户列表信息和服务器关闭服务信息。

当客户端接收到服务器发来的聊天或系统信息时,将此类信息内容显示在界面上;当客户端接收到服务器发来的在线用户列表时,则对用户列表信息进行解析,获取所有在线用户并显示在界面组合框中;当客户端接收到来自服务器的关闭服务消息时,则执行关闭操作。

```
import java.io.*;
import java.net.*;
```

```
import javax.swing.*;

/*
 * 聊天客户端消息收发类
 */
public class ClientReceiveThread extends Thread {
    private JComboBox<String> combobox;                         //用户列表组合框
    private JTextArea textarea;                                 //信息显示编辑框
    Socket socket;              连接服务器的套接字
    ObjectOutputStream output;                                  //输出流
    ObjectInputStream input;                                    //输入流
    JTextField showStatus;
    public ClientReceiveThread(Socket socket, ObjectOutputStream output,
            ObjectInputStream input, JComboBox combobox, JTextArea textarea,
            JTextField showStatus) {
        this.socket = socket;
        this.output = output;
        this.input = input;
        this.combobox = combobox;
        this.textarea = textarea;
        this.showStatus = showStatus;
    }
    public void run() {
        while (!socket.isClosed()) {                            //会话未关闭
            try {
                //读取服务器发送的聊天信息
                String type = (String)input.readObject();
                if (type.equalsIgnoreCase("系统信息")) {          //处理系统信息
                    String sysmsg = (String) input.readObject();
                    textarea.append("系统信息: " + sysmsg);       //显示系统信息
                } else if (type.equalsIgnoreCase("服务关闭")) {   //关闭
                    output.close();
                    input.close();
                    socket.close();
                    textarea.append("服务器已关闭!\n");
                    break;
                } else if (type.equalsIgnoreCase("聊天信息")) {   //处理聊天信息
                    String message = (String) input.readObject();
                    textarea.append(message);
                } else if (type.equalsIgnoreCase("用户列表")) {   //处理用户列表
                    //接收用户列表内容
                    String userlist = (String) input.readObject();
                    //分析用户列表内容,并更新界面用户列表组合框
                    String usernames[ ] = userlist.split("\n");
                    combobox.removeAllItems();
                    int i = 0;
                    combobox.addItem("所有人");
                    while (i < usernames.length) {
                        combobox.addItem(usernames[i]);
                        i++;
                    }
```

```
                    combobox.setSelectedIndex(0);                //设置默认选中项
                    showStatus.setText("在线用户 " + usernames.length + " 人");
                }
            } catch (Exception e) {
                System.out.println(e);
            }
        }
    }
}
```

2) ChatClientFrame.java

客户端主界面，包含名为 ChatClientFrame 的 public 类，其主要功能为定义客户端的界面，添加事件监听与事件处理。该类定义了 connect()与 disConnect()方法实现与服务器的连接与断开连接。当登录到指定的服务器时，调用 ClientReceiveThread 类实现消息收发，同时该类还定义了 dendMessage()方法来向其他用户发送带有表情的消息或者悄悄话。

客户端连接服务器界面如图 10.11 所示。

图 10.11 客户端主界面

登录进入聊天室并可以开始跟所有人或者个别其他用户聊天，其中可以选择心情等；多人聊天的客户端情况如图 10.12 所示。

实现的主要代码如下：

```
import java.awt.*;
```

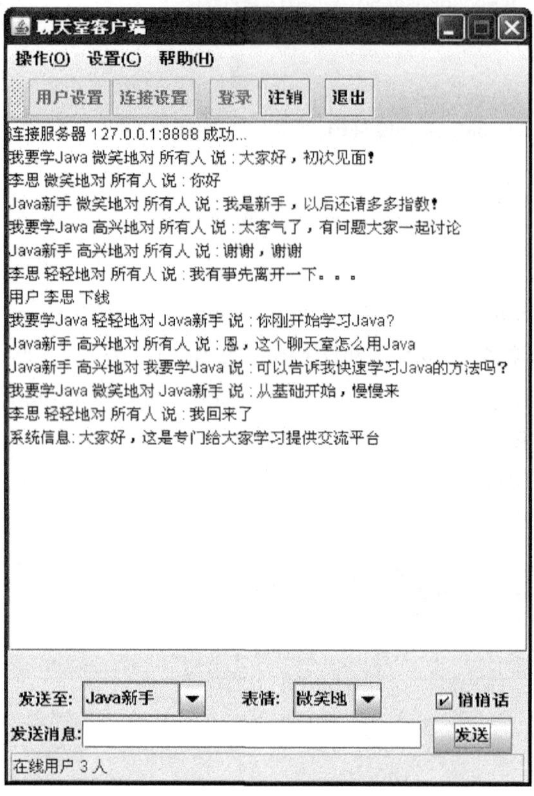

图 10.12 客户端聊天界面

```
import java.awt.event.*;
import java.io.*;
import java.net.*;
import javax.swing.*;

/*
 * 聊天客户端的主框架类
 */
public class ChatClientFrame extends JFrame implements ActionListener {
    /**
     *
     */
    private static final long serialVersionUID = 1L;
    String ip = "127.0.0.1";                          // 连接到服务端的 ip 地址
    int port = 8888;                                  // 连接到服务端的端口号
    String userName = "狂狂";                          // 用户名
    int type = 0;                                     // 0 表示未连接,1 表示已连接
    JComboBox<String> combobox;                       // 选择发送消息的接受者
    JTextArea messageShow;                            // 客户端的信息显示
    JScrollPane messageScrollPane;                    // 信息显示的滚动条
    JLabel express, sendToLabel, messageLabel;
    JTextField clientMessage;                         // 客户端消息的发送
    JCheckBox checkbox;                               // 悄悄话
```

```
JComboBox<String> actionlist;                    // 表情选择
JButton clientMessageButton;                     // 发送消息
JTextField showStatus;                           // 显示用户连接状态
Socket socket;
ObjectOutputStream output;                       // 网络套接字输出流
ObjectInputStream input;                         // 网络套接字输入流
ClientReceiveThread recvThread;

//设置界面相关代码,自行添加

/**
 * 事件处理
 */
public void actionPerformed(ActionEvent e) {
    Object obj = e.getSource();
    if (obj == userItem || obj == userButton) {                    // 用户信息设置
        // 调出用户信息设置对话框
        UserConf userConf = new UserConf(this, userName);
        userConf.setVisible(true);
        userName = userConf.userInputName;
    } else if (obj == connectItem || obj == connectButton) {       // 连接服务端设置
        // 调出连接设置对话框
        ConnectConf conConf = new ConnectConf(this, ip, port);
        conConf.setVisible(true);
        ip = conConf.userInputIp;
        port = conConf.userInputPort;
    } else if (obj == loginItem || obj == loginButton) {           // 登录
        connect();
    } else if (obj == logoffItem || obj == logoffButton) {         // 注销
        disConnect();
        showStatus.setText("");
    } else if (obj == clientMessage || obj == clientMessageButton) {// 发送消息
        sendMessage();
        clientMessage.setText("");
    } else if (obj == exitButton || obj == exitItem) {             // 退出
        int j = JOptionPane.showConfirmDialog(this, "真的要退出吗?", "退出",
                JOptionPane.YES_OPTION, JOptionPane.QUESTION_MESSAGE);
        if (j == JOptionPane.YES_OPTION) {
            if (type == 1) {
                disConnect();
            }
            System.exit(0);
        }
    } else if (obj == helpItem) {                                  // 菜单栏中的帮助
        // 调出帮助对话框
        ServerHelp helpDialog = new ServerHelp(this);
        helpDialog.setVisible(true);
    }
}
//连接服务器,完成用户登录功能。
public void connect() {
```

```
        //请自行添加连接服务器方法代码
    }
    //断开连接,完成用户下线功能。
    public void disConnect() {
        //请自行添加断开连接方法代码
    }
    /** 发送消息,必须得到聊天信息的发送对象、动作表情、内容及是否为悄悄话;
     * 将以上信息发给服务器
     */
    public void sendMessage() {
        //请自行添加发送消息代码
    }

    public static void main(String[ ] args) {
        new ChatClientFrame();
    }
}
```

3) UserConf.java

用户设置界面,该类继承自 JDialog 类,是用户对连接到服务器所显示的用户名进行修改配置的类,界面如图 10.13 所示。具体代码请自行添加。

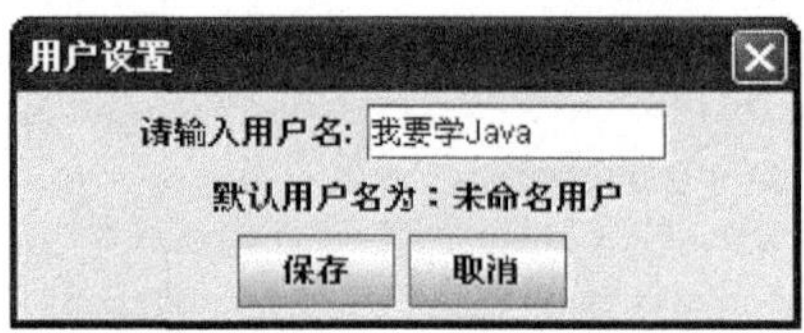

图 10.13　用户设置界面

4) ConnectConf.java

连接设置界面,该类继承自 JDialog 类,是用户对所要连接的服务器 IP 地址及监听端口进行修改配置的类,界面如图 10.14 所示。具体代码请自行添加。

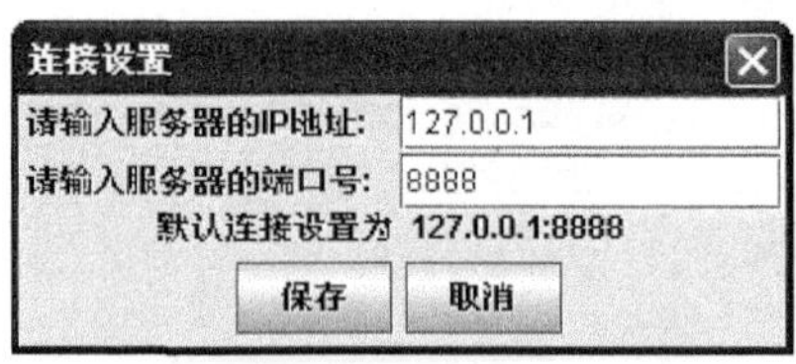

图 10.14　连接设置界面

本实验完成一个基于 Swing 的多线程网络聊天室系统,该聊天系统使用 Swing 完成界面,利用基于 TCP 协议的流 Socket 建立通信连接,利用典型的 C/S 框架,实现了多个客户端之间的聊天以及客户端与服务器端的信息交换。

10.4 课外练习

请根据前面的需求分析及功能结构,对该聊天系统进行完善。

CHAPTER 11

第11章

Eclipse 开发环境的使用

Eclipse 是一个开放源代码的、基于 Java 的可扩展开发平台，是目前非常流行的跨平台的自由集成开发环境（IDE）。许多实际开发中应用的开源框架如 Spring、Struts 和 Hibernate 等都会附带提供 Eclipse 的插件支持。

11.1 预 备 知 识

11.1.1 安装 Eclipse 开发环境

运行 Eclipse 需要 Java 运行环境(JRE)的支持，而且需要 JRE1.4.2 以上版本。本书采用的是 JDK 1.6，下载、安装与配置方法已经在第 1 章介绍过。

在官方网站(www.eclipse.org)上，可以下载到安装在不同操作系统上的 Eclispe 的不同版本，本书采用能够运行在 Windows 操作系统下的 Eclipse 3.2.1。Eclipse 的安装是绿色软件式的，不需要运行安装程序，不需要向 Windows 注册表写入信息，只需将下载的 ZIP 压缩包(eclipse-SDK-3.2.1-win32.zip)解压就可以运行 Eclipse 了。Eclipse 可解压安装在任意路径，如 E:\eclipse 3.2.1\eclispe.exe，但建议和本书使用相同的安装路径 C:\eclipse\eclipse.exe，以便于学习。

双击 C:\eclipse\eclipse.exe 来启动 Eclipse。第一次启动时会弹出一个选择工作空间的对话框，如图 11.1 所示。本书中将工作空间设置为“D:\workspace”，并选中流界面中的复选框，把 D:\workspace 作为默认工作空间路径，最后单击 OK 按钮，开始运行 Eclipse，出现欢迎界面，如图 11.2 所示，表示启动成功。

工作空间用于存放所有开发项目的源代码和一些 Eclipse 个性化配置文件。如需备份软件项目，只要备份 D:\workspace 目录即可。

启动 Eclipse 之后，会创建一些文件目录：

- D:\workspace\ .metadata 目录，保存关于工作空间的个性化配置文件。如果该目录被删除了，那么工作空间下的项目信息将会丢失，这时需要手工导入所有项目。
- C:\eclipse\configuration 目录下会创建一些插件的缓存目录和一些 Eclipse 自身的配置信息。该目录中除了 config.ini 文件之外，其他的目录文件都可以删除，Eclipse 再启动时会再次被创建。

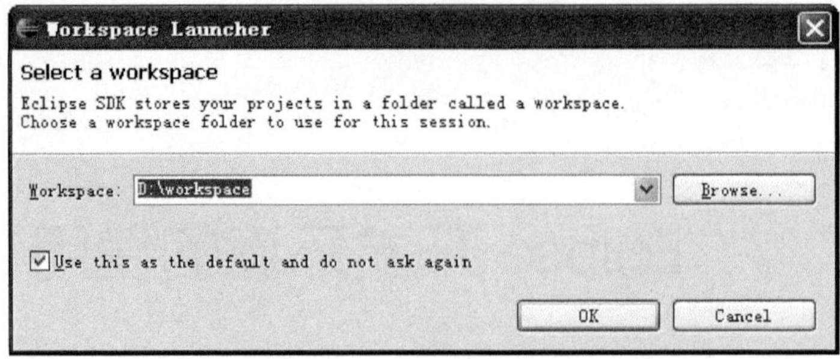

图 11.1　设置工作空间路径

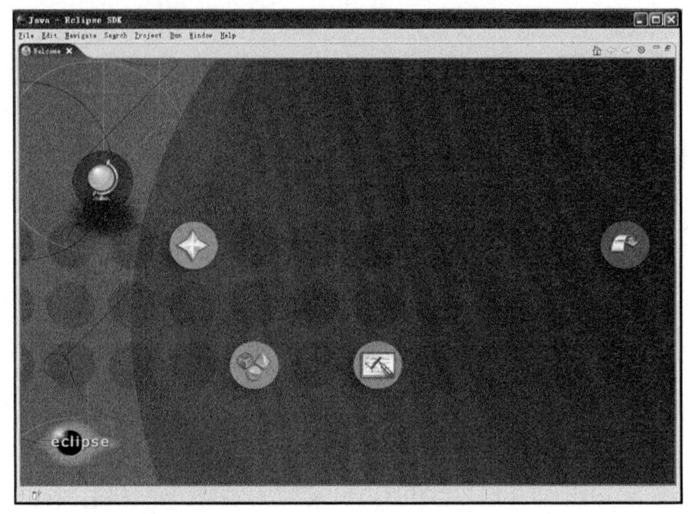

图 11.2　Eclipse 的欢迎界面

11.1.2　安装多国语言包插件

Eclipse 多国语言包不仅可以对 Eclipse 进行中文汉化，也有其他几种语言翻译，如日语、法语等。Eclipse 能够根据操作系统的语言环境自动选择语言包中的翻译语言。

语言包本身就是一个插件，安装插件的方法有好几种，本书建议使用 Link 式的插件安装方法。具体步骤如下：

(1) 在官方网站(www.eclipse.org)上，下载与 Eclipse 3.2.1 版相对应的汉化语言包(NLpack1-eclipse-SDK-3.2-win32.zip)。

(2) 创建一个专门存放 Eclipse 插件的目录 C:\eclipse_plugins，将下载的语言包解压缩到该目录下，目录结构如图 11.3 所示。要注意的是 NLpack1-eclipse-SDK-3.2-win32 目录下必须有一个 eclipse 目录，其中包括 features 和 plugins 目录。

(3) 在 C:\eclipse 下新建一个 links 目录，在该目录中创建一个文本文件 NLpack1-eclipse-SDK-3.2-win32.link(可以任意取名)，文件的内容仅一行文字：

```
path = C:\\eclipse_plugins\\NLpack1 - eclipse - SDK - 3.2 - win32
```

(4) 重新启动 Eclipse。Eclipse 启动时会自动查找 links 目录中的所有文本文件，将其中 path 所指的插件注册到 Eclipse 中，启动后的界面如图 11.4 所示。

Eclipse 的帮助内容很全面，在安装好多国语言包后，单击 Eclispe 菜单栏中"帮助"→"动态帮助"命令，可以看到帮助信息也全部汉化。

图 11.3　插件目录结构图

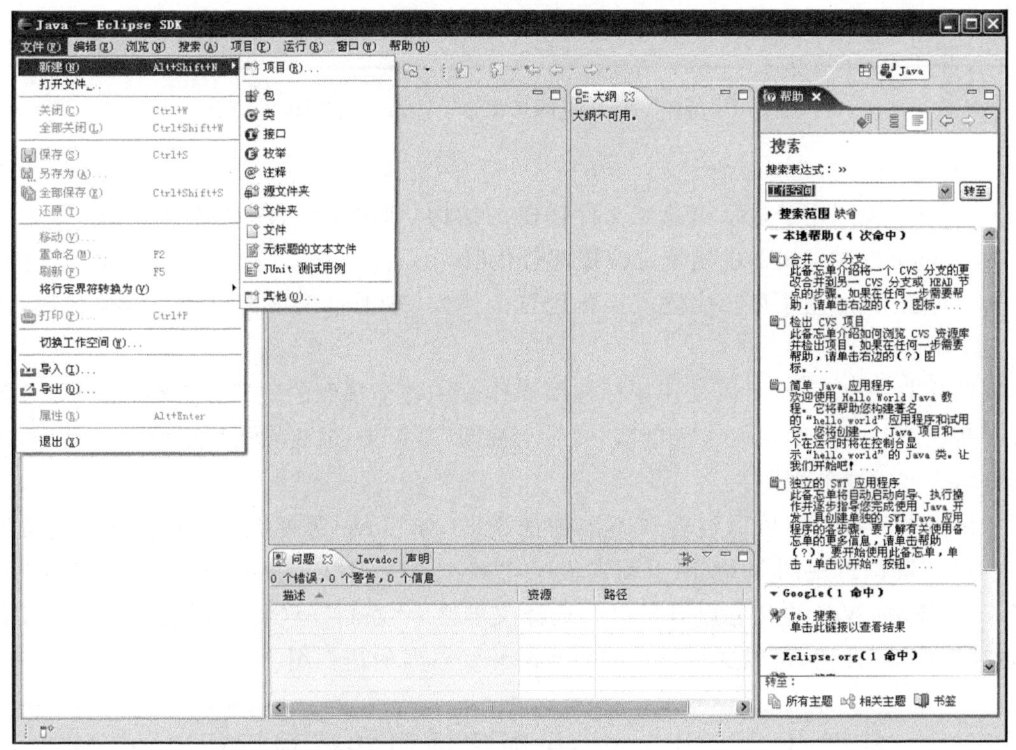

图 11.4　Eclipse 的中文界面

11.1.3　Eclipse 界面

关闭首次启动 Eclipse 时的欢迎界面，显示的是默认透视图——Java 透视图，图 11.5 显示了 Eclipse 开发环境的主要组成部分。

- "包资源管理器"视图用于显示开发项目中的源文件、引用的库等，在实际开发过程

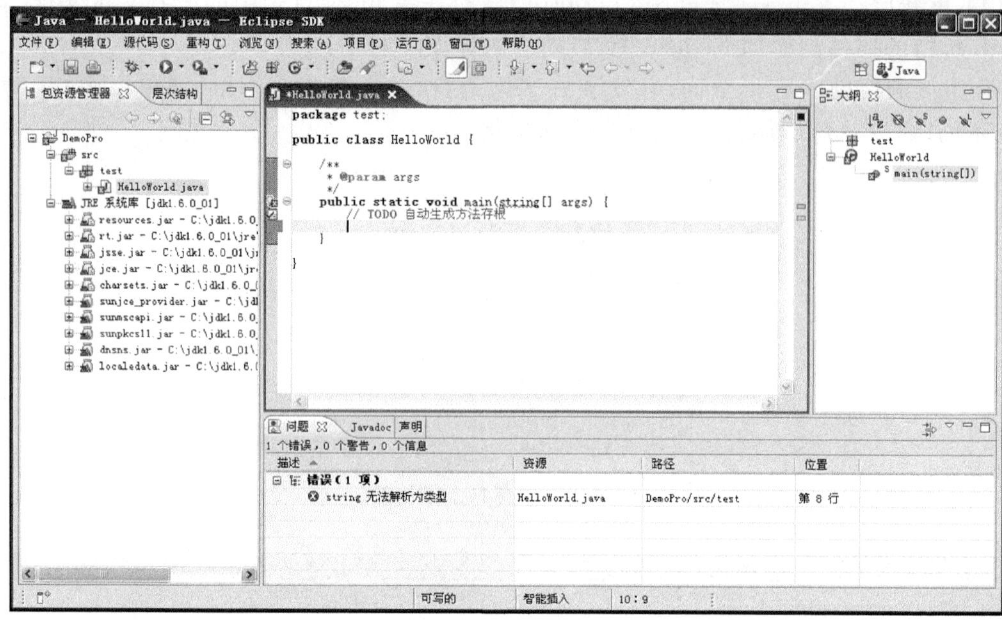

图 11.5 Eclipse 的工作台——Java 透视图

中经常用到。

- “大纲”视图用于显示当前源文件代码的结构，列出所包含的属性与方法，单击某一节点可以在编辑器中迅速定位该部分代码。
- “问题”视图用于显示代码或项目配置的错误，双击错误项可以快速定位代码，以便消除错误。

视图并非一成不变，可以使用鼠标拖动操作改变各个视图的位置和大小，也可以关闭或加入一些视图。选择菜单栏中“窗口”→“显示视图”菜单项，或者单击“视图快捷”按钮，可以选择显示一些需要的视图。

利用视图和编辑器可以组合成不同的透视图，如“Java 透视图”一般用于开发简单的 Java 程序，“调试透视图”一般用于调试程序，“MyEclipse J2EE Development 透视图”常用于基于 J2EE 的 Web 应用程序开发等。选择菜单栏中“窗口”→“打开透视图”命令，或者单击“透视图快捷”按钮，可以选择显示契合当前开发需要的透视图。

11.2 实验 1 使用 Eclipse 创建项目并编写运行 Java 程序

【实验目的】

(1) 学习使用 Eclipse 创建项目和类。

(2) 熟练掌握使用 Eclipse 编写并运行 Java 程序。

【实验内容】

使用 Eclipse 创建一个名为 Game 的项目，然后在该项目中创建一个名为 LetterGame 的类，用于随机产生 a～z 的一个字母，然后由用户通过键盘输入一个字母，如果与产生的字母相同，则结束游戏；否则，提示用户所输入的字母与随机产生的字母的位置关系，并提示用户已输入字母的次数，然后用户继续输入字母，直到输入的字母如随机产生的字母相同为止。

【实验步骤】

(1) 启动 Eclipse(已按前文设置 D:\workspace 作为默认工作空间路径)，选择“文件”→“新建”→“项目”命令，弹出如图 11.6 所示的“新建项目”对话框，选择“Java 项目”选项。

图 11.6 新建项目——选择向导

(2) 单击“下一步”按钮，弹出如图 11.7 所示的“新建 Java 项目”对话框。在“项目名”文本框中输入 Game，选中“在工作空间中将创建新项目”和“创建单独的源文件夹和输出文件夹”单选按钮。

(3) 单击“完成”按钮，会在“包资源管理器”视图中看到新增加了一个项目 Game，如图 11.8 所示。

图 11.8 中的“JRE 系统库”显示的是该 Java 项目所引用的 jar 包，因为在 Eclipse 集成开发环境中已经内嵌了对 JDK 底层 jar 包的引用。

(4) 单击图 11.8 所示的“包资源管理器”视图右上角的下三角按钮，在下拉列表中选择“过滤器”选项，在弹出的如图 11.9 所示的“Java 元素过滤器”对话框中，选中“外部库”和“项目中的库”复选框，单击“确定”按钮，隐藏图 11.8 中的“JRE 系统库”。

(5) 右击图 11.8 中的“包资源管理器”视图中 Game 项目中的 src 源文件夹，在弹出的快捷菜单中选择“新建”→“包”命令。在弹出的“新建 Java 包”对话框中，输入包的名称“com.game”，如图 11.10 所示，单击“完成”按钮。

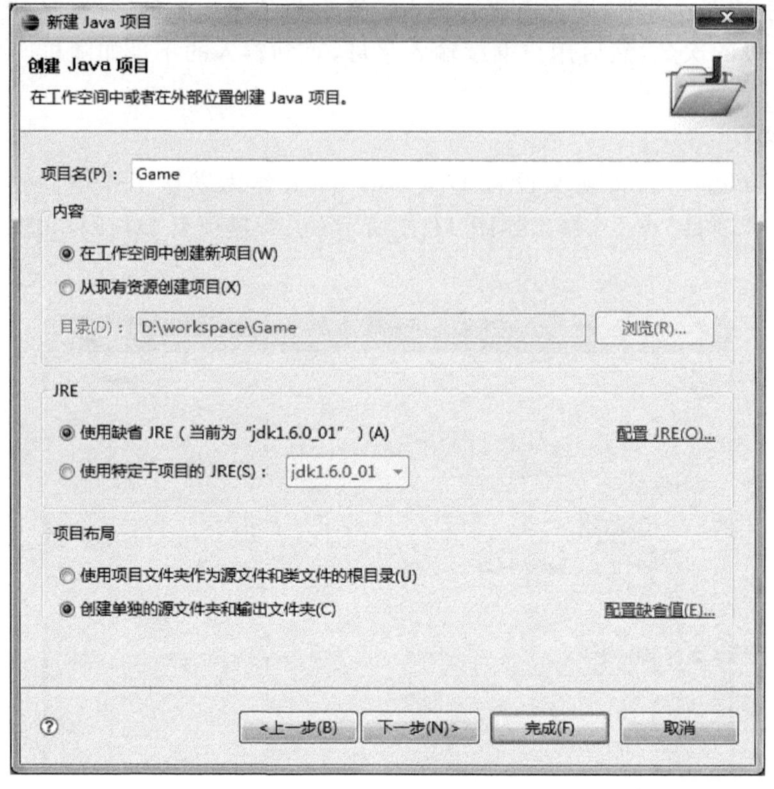

图 11.7 新建 Java 项目——创建 Java 项目

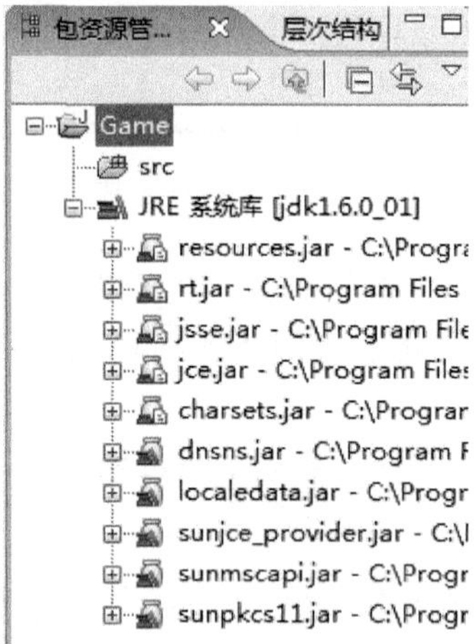

图 11.8 Game 项目创建成功

(6) 右击"包资源管理器"视图中的 com. game 包，在快捷菜单中选择"新建"→"类"命令。在弹出的"新建 Java 类"对话框中输入类名 LetterGame，选中"public static void main (String[] args)"复选框，如图 11.11 所示。

(7) 单击"完成"按钮后，在打开的代码编辑器中的 main 方法中输入代码。

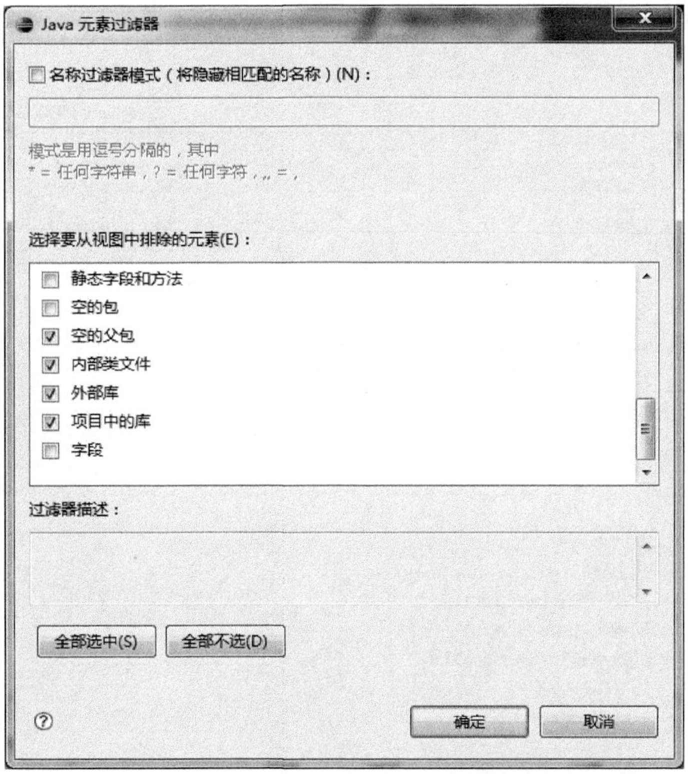

图 11.9 Java 元素过滤器

图 11.10 新建 Java 包

【参考代码】

```java
// LetterGame.java
package com.game;
import java.io.IOException;
public class LetterGame {
```

图 11.11　新建 Java 类

```
    /**
     * @param args
  */
    public static void main(String[ ] args) {
        //随机产生 97～122 之间的数字,对应为字母 a～z 的 ASCII 码
        int randletter = (int)(Math.random() * 26) + 97;
        int inputletter = 0;                  //用于保存用户输入的字母
        int times = 0;                        //用于保存用户输入的次数
        while(inputletter != randletter){
            System.out.print("请输入猜测的字母(a～z): ");
            try {
                inputletter = System.in.read();
                System.in.skip(2);            //用来跳过回车符和换行符
            } catch (IOException e) {         // TODO 自动生成 catch 块
                e.printStackTrace();
            }
            times++;
            if(inputletter > randletter){
               System.out.println("输入的字母太靠后了,已经猜过" + times + "次了,请继续…");
            }else if(inputletter < randletter){
```

```
                System.out.println("输入的字母太靠前了,已经猜过" + times + "次了,请
继续…");
            }
        }
        System.out.println("恭喜你,你猜对了,共猜了" + times + "次");
    }
}
```

【程序解析】

在 Eclipse 中编写代码时，有些代码(如 System.out.println()、try/catch、for 循环)出现的频率较高，可以通过快捷键"Alt+/"快速生成。如输入 syso 后，按下"Alt+/"键，自动生成 System.out.println()；对于需要进行异常处理的代码，选中后按下"Alt+/"键，选择自动生成 try/catch 块，或者单击代码行前面的选择异常处理方法。另外，在代码量较多的情况下，可以应用代码格式化的快捷键 Ctrl+Shift+F，对代码进行格式化。

(8) 运行程序。

在包资源管理器中右键单击 LetterGame.java，或者在代码编辑器中右击，从快捷菜单中选择"运行方式"→"Java 应用程序"命令即可运行 Java 程序。选择过一次运行方式的 Java 类会在"运行方式"菜单项中保存，以后可以直接单击常用工具栏中旁边的三角按钮，选择该类的运行方式。

运行 LetterGame 类后，Eclipse 下方会打开"控制台"视图，并显示程序运行结果，如图 11.12 所示，其中浅色的内容为程序运行过程中从键盘输入的内容，输入一个字母后按回车键继续运行，直到程序结束为止。

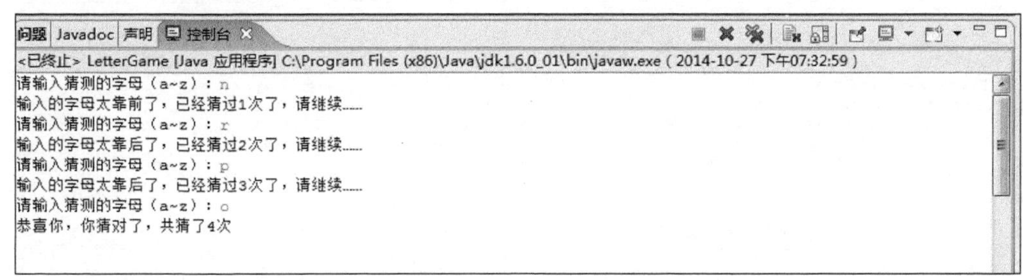

图 11.12 控制台视图

11.3 实验 2 使用 Eclipse 调试程序

【实验目的】

熟练使用 Eclipse 调试器调试程序。

【实验内容】

在实验 1 所创建的 LetterGame.java 代码中的循环体中设置断点，并使用调试器查看程序运行情况及代码中变量的变化。

【实验步骤】

(1) 设置断点。在 LetterGame.java 的代码编辑器中双击需要暂停语句前的边框位置，

就可以为程序设置一个断点(再次双击小圆点可以取消该断点),如图 11.13 所示。断点一般设置在出现 BUG 的语句前边,本实验主要体会调试过程,程序中未设置 BUG。

```
LetterGame.java
import java.io.IOException;

public class LetterGame {

    /**
     * @param args
     */
    public static void main(String[] args) {
        //随机产生97~122之间的数字，对应为字母a~z的ASCII码
        int randletter = (int)(Math.random()*26)+97;
        int inputletter = 0;     //用于保存用户输入的字母
        int times = 0;           //用于保存用户输入的次数
        while(inputletter != randletter){
            System.out.print("请输入猜测的字母 (a~z) : ");
            try {
                inputletter = System.in.read();
                System.in.skip(2);
            } catch (IOException e) {
                    // TODO 自动生成 catch 块
                e.printStackTrace();
            }
            times++;
```

图 11.13　设置断点

(2) 单击工具栏中的 按钮,以调试方式来运行程序。这时弹出一个窗口,提示是否确认切换打开“调试”透视图,单击“是”按钮。调试透视图如图 11.14 所示。

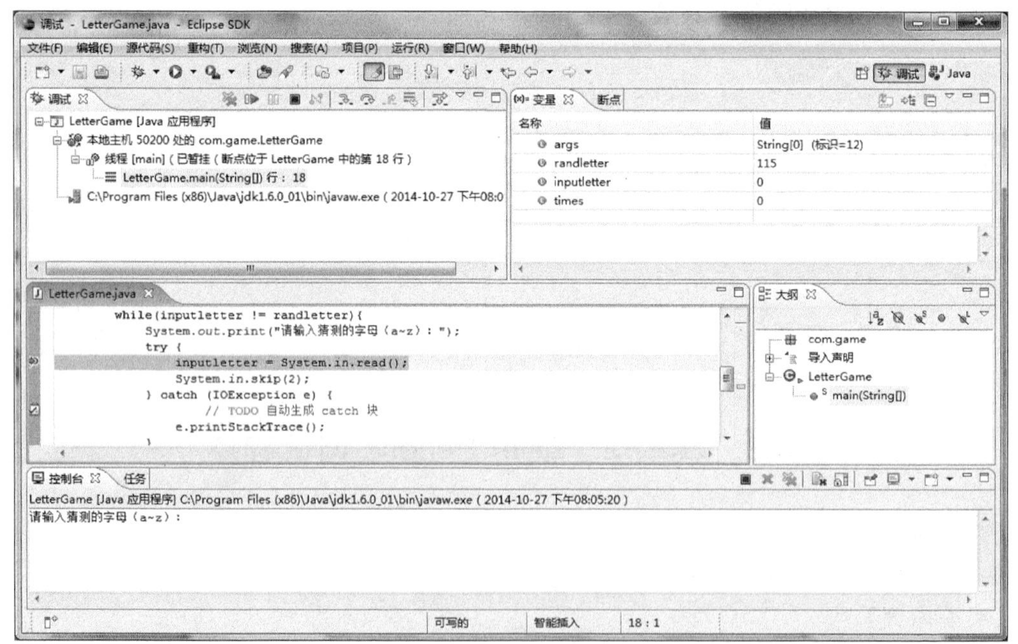

图 11.14　调试透视图

这时代码运行到断点处暂停。输入第一次猜测的字母按回车键后,单击调试工具按钮中的“单步跳过”按钮 ,程序执行到下一条语句。此时在调试透视图右上方的“变量”视

图中显示程序中涉及的相关变量的值，如图 11.15 所示。

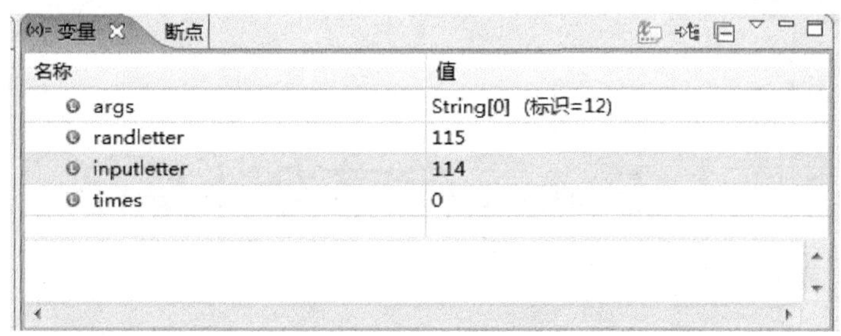

图 11.15 变量视图

继续使用“单步跳过”按钮来一步步地执行代码。在调试过程中，观察代码的执行顺序、变量的变化以及控制台的输出情况。

调试工具除了“单步跳过”按钮之外，还可以根据需要使用以下几个按钮。

- “单步跳入”按钮 ——用于继续跟踪调试当前方法的内部语句。与“单步跳过”按钮的区别在于，如果在调试到当前方法所在的语句时，单击“单步跳过”按钮，会直接跳过执行后续语句。
- “单步返回”按钮 ——当调试进入某个方法内部执行时，单击该按钮，将执行完整个方法，并返回到该方法的所在语句行的下一条语句。
- “继续”按钮 ——表示让程序继续执行。该按钮经常用于当调试进入循环结构后，经过若干次循环调试，发现无需继续跟踪循环或循环次数较多时，想要跳出循环，转到后续语句。操作方法是：在后续语句处设置一个断点，单击“继续”按钮。
- “终止”按钮 ——中断程序的执行，结束整个调试。

11.4 课外练习

1. 使用 Eclipse 创建一个名为 Math 的 Java 项目，在其中创建输出 100 以内的素数的 Java 程序并调试运行得到最终正确的程序，最后观察程序运行的流程。

2. 下载 Eclipse 记事本插件，并向一个 Java 项目中添加该插件的支持。

CHAPTER 12

第12章 Swing程序设计基础

Java Swing是Java Foundation Classes(JFC)的一部分,是一个用于开发Java图形用户界面应用程序的GUI(Graphical User Interface)开发工具包。它以抽象窗口工具包(AWT)为基础使跨平台应用程序可以使用任何可插拔的外观风格。Swing开发人员可以只用很少的代码就可以利用Swing丰富、灵活的功能和模块化组件来创建优雅的用户界面。

12.1 预备知识

12.1.1 安装Visual Editor插件

Visual Editor简称VE,可以用来进行Swing可视化界面设计,简化Swing GUI开发,提高效率。VE提供一种近乎"所见即所得"的开发效果,使得界面设计工作轻松了很多。

在http://download.eclipse.org/tools/ve/downloads/下载安装VE所需的三个插件:

- VE-runtime-1.2.2_jem.zip——Runtime版本的Visual Editor。
- emf-sdo-runtime-2.2.0.zip——EMF全称是eclipse modeling framework,是一个数据模型框架,它的作用是根据界面自动生成相应代码。
- GEF-runtime-3.2——GEF全称graphical editing framework,是一个图形编辑框架,它的作用是提供拖动编辑界面组件的支持。

采用Link式插件安装方法,和11.1.2节中安装多国语言包步骤一样,将VE、GEF、EMF安装到C:\eclipse_plugins,目录结构如图12.1所示。

安装完上述三个插件后,启动Eclipse,选择"文件"→"新建"→"其他"命令,查看弹出的"新建向导"对话框窗口中是否有Visual Class、AWT、Swing等选项,如果有表示安装成功;否则表示安装失败。失败的原因有可能是版本依赖问题或Link式插件安装方法错误等原因。

12.1.2 事件与侦听器

事件就是可能会发生在对象上的事情,即用户或系统触发对象所做的一个特定操作。在Windows环境下的软件操作中,用户通常使用下面的动作来运行应用程序:单击、双击、

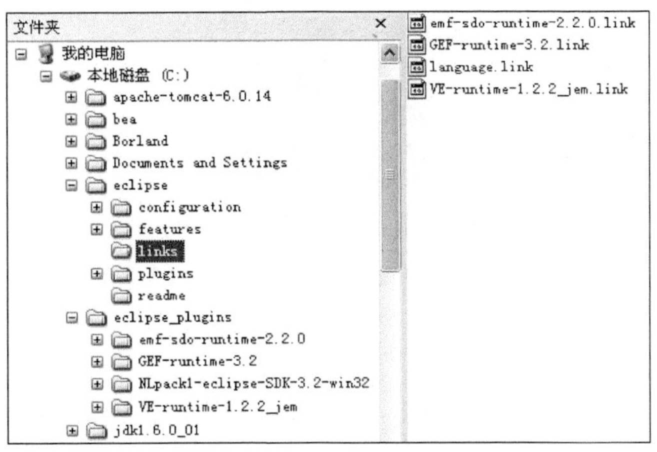

图 12.1 安装 VE 后的目录

拖动等，这些可以为操作系统所接受的操作称为事件。事件作用于对象，对象识别事件并做出响应，不同的对象能识别的事件不完全相同。可以针对相应的事件编写相应的代码，在事件发生时，程序执行事件里的代码。常用事件及其监听器如表 12.1 所示。

表 12.1 常用事件及其监听器

监 听 器	方 法	事 件
ActionListener	actionPerformed	对象发生操作
KeyListener	keyPressed	按下键盘任意键
	keyReleaseed	按键弹起
MouseListener	mousePressed	鼠标按下
	mouseReleased	鼠标放开
	mouseClick	鼠标单击又松开
FocusListener	focusGained	得到焦点
	focusLost	失去焦点
ItemListener	itemStateChanged	选项状态改变
WindowListener	windowOpened	窗体打开
	windowClosed	窗体关闭

12.1.3 Swing 容器

容器是一类能够在其中容纳其他组件的特殊组件。Swing 的 GUI 组件类是按照类属层次以树状结构进行组织的。在这个树的最顶层，即树的根部，是一个最基本的容器类，被称为顶层容器。窗体类 JFrame 就是一种顶层容器。在顶层容器下是中间容器，用于容纳其他的组件。组件构建在容器中，可以通过容器对组件进行统一操作与管理。内容面板就是一种中间容器，它的作用是方便组织管理组件，使组件更容易定位。Swing 的 GUI 容器及组件的关系如图 12.2 所示。

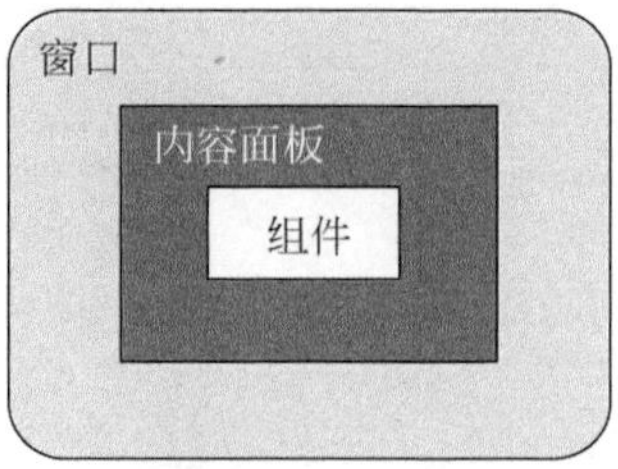

图 12.2　Swing 的 GUI 容器及组件包含关系

1. 顶层容器

每个应用程序至少有一个顶层容器，如 JFrame。每个顶层容器中都有一个默认的内容面板 JPanel，一般情况下，这个内容面板会包含(直接或间接地)所有顶层容器 GUI 的可视组件。

JFrame 类来自 javax. swing 包，它扩展了 java. awt. Frame 类，以窗体形式呈现在 Swing 程序中，具备许多本机操作系统窗口的特性，包含边框、标题和用于关闭和最小化/最大化窗口的按钮。

JFrame 类常用的构造方法有：

- JFame( )——构造一个初始时不可见的新窗体。
- JFrame(String title)——创建一个新的、初始不可见的、具有指定标题的新窗体。

JFrame 类的常用成员方法有：

- Container getContentPane( )——返回窗体中的默认内容面板。
- void setContentPane(Container contentPane)——设置窗体内容面板。
- void setDefaultCloseOperation(int operation)——设置用户在此窗体上发起"关闭"时默认执行的操作。
- void setTitle(String title)——设置窗体标题名称。
- void setVisible(boolean b)——设置窗体是否可见。
- void setLocation(int x, int y)——设置窗体在屏幕上应当出现的位置。
- void setSize(int width, int height)——设置窗体的大小。

2. 中间容器

中间容器用于将较小的轻量级组件组合在一起。面板类 JPanel 是一种最常用的中间容器，是固定大小的内容面板。此外，JScrollPane 也是比较常见的中间容器，是一种带有滚动条的面板。

JPanel 类来自 javax. swing 包，它扩展了 javax. swing. JComponent 类，在窗体内默认情况下不透明，只是暗地里发挥着容器的作用。

JPanel 类常用的构造方法有：

- JPanel ( )——创建具有默认布局的新 JPanel 面板。
- JPanel(LayoutManager layout)——创建具有指定布局管理器的新 JPanel 面板。

JPanel 类的常用成员方法有：

- LayoutManager getLayout( )——返回内容面板的布局管理器。
- void setLayout(LayoutManager mgr)——设置内容面板的布局管理器。
- Container getParent( )——返回容纳该内容面板的父容器。
- void add(Component comp)——向该内容面板中添加组件。
- void setVisible(boolean b)——设置面板是否可见。

12.1.4 布局管理器

布局管理器是一个对象，其唯一的任务就是将组件安放进一个容器里。使用布局管理器开发的界面柔性较好，在不同的操作系统、不同的屏幕分辨率下，能保持界面不变形。布局管理器主要是应用于各种容器，每个容器都提供一个方法——setLayout，用来指定要被使用的布局管理器。常用的布局管理器包括 BorderLayout(边界布局)、FlowLayout(流布局)、GridLayout(网格布局)和 GridBagLayout(网袋布局)。

1. BorderLayout(边界布局)

BorderLayout 是 JFrame 类的默认布局管理器，它提供了一种较为复杂的组件布局管理方案，主要用于布置容器的边界布局。它将容器划分成五个区域：东(EAST)、南(SOUTH)、西(WEST)、北(NORTH)、中(CENTER)。NORTH 在容器的上部，SOUTH 在容器的下部，WEST 在容器的左部，EAST 在容器的右部，CENTER 在所围绕的中部，如图 12.3 所示。

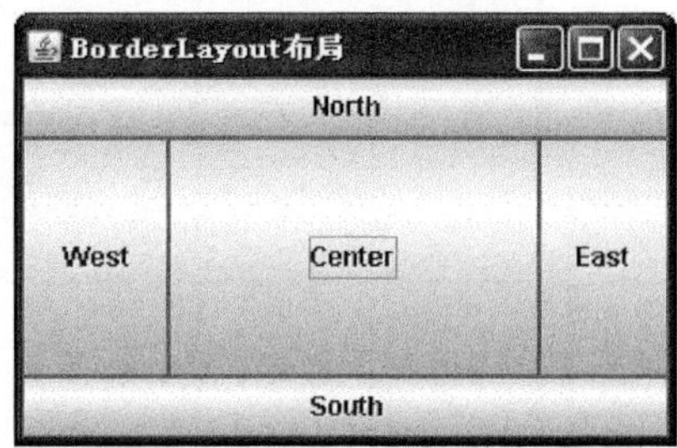

图 12.3 BorderLayout 布局

在 BorderLayout 布局管理器的管理下，组件必须通过 add( )方法加入到容器的五个区域之一中，否则，它们将是不可见的。且每个区域只能加入一个组件。如果试图向某个区域中加入多个组件，那么其中只有一个组件是可见的。

而 EAST、SOUTH、WEST 和 NORTH 这四个边界区域中的某个区域没有使用，那么它的大小将变为 0，此时 CENTER 区域将会扩展并占据这个未用区域的位置。如果四个边界区域都没有使用，那么 CENTER 区域将会占据整个窗口。

2. FlowLayout(流布局)

FlowLayout 布局管理器对容器中组件进行布局的方式是将组件逐个地安放在容器中的一行上。其组件的放置规律是从上到下、从左到右进行放置，如果容器足够宽，第一个组件先添加到容器中第一行的最左边，后续的组件依次添加到上一个组件的右边，如果当前行已放置不下该组件，则放置到下一行的最左边，如图 12.4 所示。

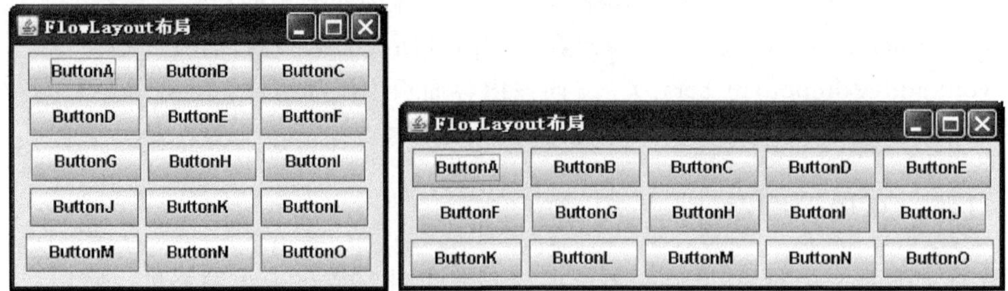

图 12.4　FlowLayout 布局

与其他布局管理器不同的是，FlowLayout 布局管理器并不强行设定组件的大小，而是允许组件拥有它们自己所希望的尺寸。每个组件都有一个 getPreferredSize( )方法，容器的布局管理器会调用这一方法取得每个组件希望的大小。

3. GridLayout（网格布局）

GridLayout 是一种网格式的布局管理器，它将容器空间划分成若干行乘若干列的网格，依据从左到右，从上到下在网格中排列组件，每个组件占据一格。如果添加的组件超过指定的单元格数，布局管理器会自动增加列数进而来容纳多出的组件，如图 12.5 所示。

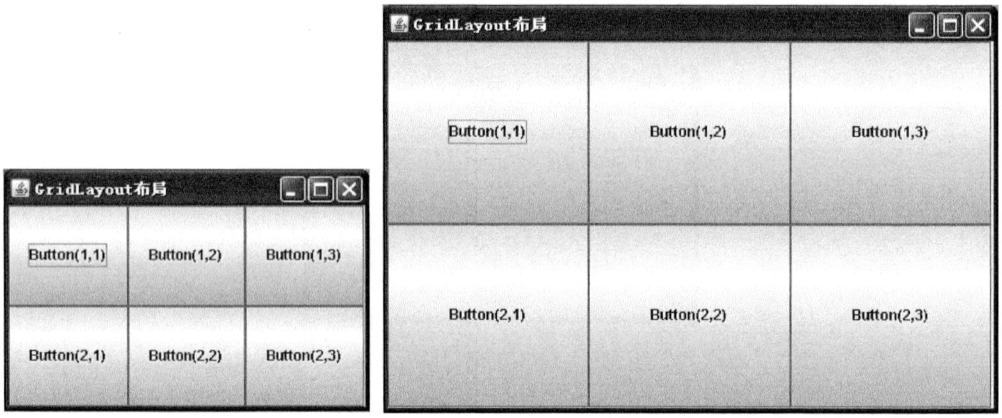

图 12.5　GridLayout 布局

初始构造或设置网格行数和列数时，行数 rows 和列数 cols 中的一个值可以为 0，但是两个值不能都是 0。如果 rows 为 0，那么网格的行数将根据实际需要而定；如果 cols 为 0，那么网格的列数将根据实际需要而定。

4. GridBagLayout（网袋布局）

GridBagLayout 是一种非常灵活的版面布局，也是最复杂的。它是在将屏幕划分成网格的基础上，允许每个组件占据一个或多个单元（显示区域），如图 12.6 所示。

GridBagLayout 管理的每个组件都有一个相应的 GridBagConstraints 对象，通过这个实例来安排组件的位置。要有效地使用 GridBagLayout 类，必须为该组件定义一个

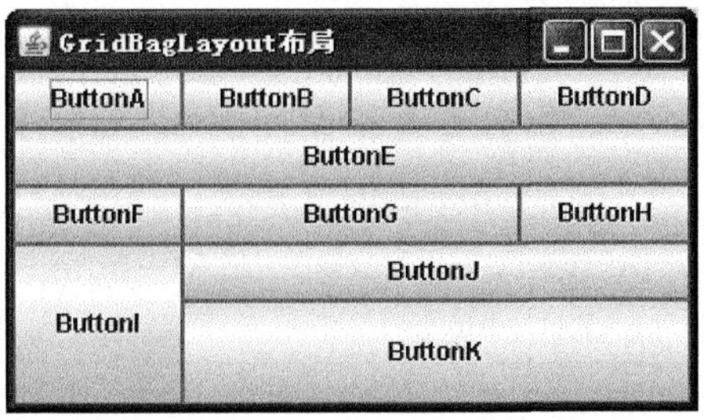

图 12.6 GridBagLayout 布局

GridBagConstraints 对象，并正确设置这个对象的属性。其常用属性如下：

- gridx，gridy——设置组件的网格单元的坐标位置。屏幕左上角的网格单元坐标是(gridx=0，gridy=0)，表示在第 0 行第 1 列位置。
- gridwidth，gridheight——以网格单元为单位设置显示区域的宽度和高度(单元格数)，默认值为 1。使用 GridBagConstraints.REMAINDER 可以设置这个组件是这一行或这一列中的最后一个，即占据剩下的网格单元；使用 GridBagConstraints.RELATIVE 将这个组件设置成占据这一行或这一列中除最后一个以外的所有网格单元。
- fill——当显示区域大于组件实际尺寸时，设置如何重新安排组件的大小。可以使用的值有 GridBagConstraints.NONE(默认值)、GridBagConstraints.HORIZONTAL(将组件横向扩充以填满显示区域)、GridBagConstraints.VERTICAL(将组件纵向扩充以填满显示区域)或 GridBagConstraints.BOTH(将组件扩充以填满显示区域)。
- weightx，weighty——用来设置如何分配水平和垂直空间的空白区域(用于屏幕大小改变时)。例如，布局管理器计算出列的权重就是列的所有组件中最大的 weightx，如果得到的布局在水平方向上比需要填充的区域小，则系统会将额外的空间按照其权重比例分布到每一列，权重为 0 的列不会得到额外的空间。weightx 和 weighty 的默认权重值均为 0，则所有的组件集中在容器的中央，所有的额外空间都将出现在单元格的网格之间和左右边缘之间。

GridBagLayout 是所有 AWT 布局管理器当中最复杂的，同时其功能也是最强大的。这种现象源于它所提供的众多的可配置选项，几乎可以完全地控制容器的布局方式。

12.1.5 Swing 中的常用组件

Swing 中的常用组件包括标签、文本框、编辑框、按钮、复选框、单选按钮和下拉框等。

1. 标签(JLabel)

标签 JLabel 对象可以显示文本、图像或同时显示二者。标签不对输入事件做出反应。因此，它无法获得键盘焦点。

标签对象名称的命名要遵循规范：以“lbl”开头，后面为描述功能的单词，且该单词首字母大写。如显示“姓名”的标签对象命名为“lblName”。

JLabel 类常用的构造方法有：

- JLabel( )——创建无图像且标题为空字符串的 JLabel 对象。
- JLabel(Icon image)——创建具有指定图像的 JLabel 对象。
- JLabel(String text)——创建具有指定文本的 JLabel 对象。
- JLabel(String text, Icon icon, int horizontalAlignment)——创建具有指定文本、图像和水平对齐方式的 JLabel 对象。

JLabel 类的常用成员方法有：

- void setHorizontalAlignment(int alignment)——设置标签文本水平对齐方式。
- void setIcon(Icon icon)——设置标签对象要显示的图标。
- void setText(String text)——设置标签对象要显示的单行文本。
- void setBackground(Color bg)——设置标签背景颜色。
- void setOpaque(true)——设置标签是否透明，不透明会遮挡背景。
- void setFont(Font font)——设置标签文本字体、字形、大小。

2. 文本框(JTextField)

文本框 JTextField 对象通常用于输入或编辑单行文本。文本框对象名称命名要以“txt”开头，后面单词首字母大写。

JTextField 类常用的构造方法有：

- JTextField( )——创建一个新的 TextField 对象。
- JTextField(String text)——创建一个用指定文本初始化的新 TextField 对象。

JTextField 类的常用成员方法有：

- void addActionListener(ActionListener l)——注册指定的操作监听器，以从此文本框接收操作事件。
- void setHorizontalAlignment(int alignment)——设置文本水平对齐方式。
- void setFont(Font font)——设置文本字体、字形、大小。
- void setText(String text)——设置要显示的单行文本。
- String getText( )——返回文本框中的文本字符串，如果文本框内没有字符，则返回空字符串("")。

3. 编辑框(JTextArea)

文本框 JTextArea 对象通常用于输入或编辑多行文本。编辑框对象名称命名要以“txa”开头，后面单词首字母大写。

JTextArea 类常用的构造方法有：

- JTextArea( )——创建一个新的 JTextArea 对象。
- JTextArea(String text)——创建一个用指定文本初始化的新 JTextArea 对象。

JTextArea 类的常用成员方法有：

- void append(String str)——将给定文本追加到编辑框内文档结尾。
- void insert(String str, int pos)——将指定文本插入指定位置。
- void replaceRange(String str, int start, int end)——用给定的新文本替换从指示

的起始位置到结尾位置的文本。

- void setColumns(int columns)——设置编辑框的列数。
- void setFont(Font f)——设置当前字体。
- void setLineWrap(boolean wrap)——设置文本区的换行策略。参数为 true 时，自动换行。
- void setRows(int rows)——设置编辑框的行数。

4. 按钮(JButton)

按钮 JButton 经常用于响应用户的操作事件，例如单击。按钮对象名称命名要以“btn”开头，后面单词首字母大写。

JButton 类常用的构造方法有：

- JButton( )——创建一个新的 JButton 对象。
- JButton(String text)——创建一个带文本的新 JButton 对象。
- JButton(Icon icon)——创建一个带图标的新 JButton 对象。

JButton 类的常用成员方法有：

- void setDefaultCapable(boolean defaultCapable)——设置按钮是否所在窗体的默认按钮。
- String getText( )——返回按钮显示的文本。
- void setEnabled(boolean b)——设置按钮是否可用。

5. 复选框(JCheckBox)

复选框 JCheckBox 常用于一项或多项选择。复选框对象名称命名要以“chk”开头，后面单词首字母大写。

JCheckBox 类常用的构造方法有：

- JCheckBox ( )——创建一个没有文本、没有图标并且最初未被选定的复选框。
- JCheckBox (String text)——创建一个带文本的、最初未被选定的复选框。
- JCheckBox(String text, boolean selected)——创建一个带文本的复选框，并指定其最初是否处于选定状态。

JCheckBox 类的常用成员方法有：

- void setSelected(boolean b)——设置复选框是否被选中。
- boolean getSelected( )——返回复选框是否被选中。
- String getText( )——返回复选框显示的文本。

6. 单选按钮(JRadioButton)

单选按钮 JRadioButton 应用于围绕一个主题有多个选项，但必须选且只选一个。所以使用单选按钮时，需要把相关主题的单选按钮对象添加到一个 ButtonGroup 对象中，达到多者选一的预期效果，否则每一个单选按钮都可以被选中。单选按钮对象名称命名要以“rad”开头，后面单词首字母大写。

JRadioButton 类常用的构造方法有：

- JRadioButton ( )——创建一个初始化为未选择的单选按钮,其文本未设定。
- JRadioButton (String text)——创建一个具有指定文本的状态为未选择的单选按钮。
- JRadioButton (String text, boolean selected)——创建一个具有指定文本和选择状态的单选按钮。

JRadioButton 类的常用成员方法有:

- void setSelected(boolean b)——设置单选按钮是否被选中。
- boolean getSelected( )——返回单选按钮是否被选中。
- void setText(String text)——设置单选按钮显示的文本。
- String getText( )——返回单选按钮显示的文本。

7. 下拉框(JComboBox)

下拉框 JComboBox 中一般会有若干选项,用户可以选择其中一项。下拉框对象名称命名要以"cbo"开头,后面单词首字母大写。

JComboBox 类常用的构造方法有:

- JComboBox ( )——创建具有默认数据模型的 JComboBox 对象。
- JComboBox(Object[ ] items)——创建包含指定数组中的元素的 JComboBox 对象。
- JComboBox(Vector items)——创建包含指定 Vector 中的元素的 JComboBox 对象。

JComboBox 类的常用成员方法有:

- void addItem(Object anObject)——添加列表项。
- Object getItemAt(int index)——返回指定索引处的列表项。
- int getItemCount( )——返回列表中的项数。
- Object getSelectedItem( )——返回当前所选项。
- void insertItemAt(Object anObject, int index)——在列表中的给定索引处插入项。
- void removeAllItems( )——从列表中移除所有项。
- void removeItem(Object anObject)——从列表中移除项。
- void removeItemAt(int anIndex)——移除指定索引处的项。

12.1.6 Swing 中的高级组件

1. 菜单

菜单根据使用的形式不同可以分为菜单栏和弹出式菜单两种。菜单项对象名称命名要遵循规范:以"mnu"开头,后面单词首字母大写。

1) 菜单栏

一个桌面应用程序一般会有一个主窗口界面上方有菜单栏,其中包含若干菜单项、子菜单等。菜单实质是将多个按钮、单项按钮、复选框操作分门别类地整合在一起。

菜单栏(JMenuBar)是摆放各个菜单项、子菜单的容器,与窗体、默认内容面板的位置关系如图 12.7 所示。

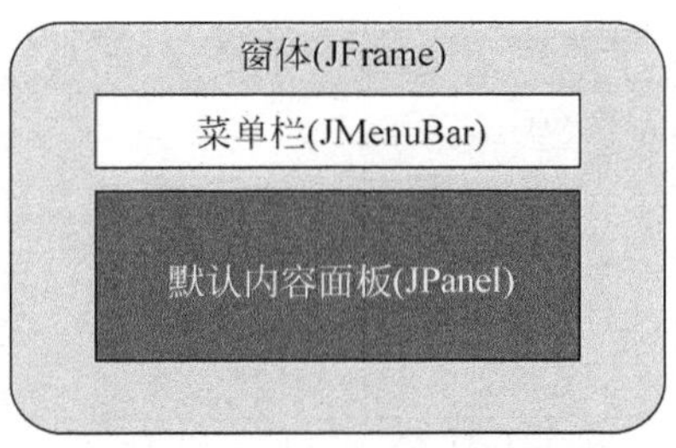

图 12.7 窗体与菜单栏、默认内容面板的位置关系

菜单栏中的每一项条目称为菜单项。如果菜单项也有属于自己的下一级菜单，则该菜单项称为子菜单(JMenu)；如果菜单项已经处于页节点位置(即没有下一级菜单)，则该菜单项属于JMenuItem类。如图12.8所示，“文件”、“格式”和“新建”菜单项应创建JMenu类的对象；而“退出”、“项目”、“包”等菜单项应创建JMenuItem类的对象。

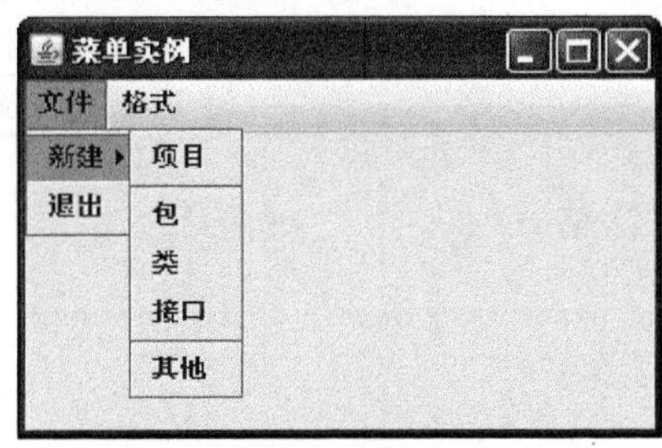

图 12.8 菜单实例运行结果

有时，在某一子菜单的菜单项中，同一时刻只能选择一项，效果类似于单选按钮，需要用到JRadioButtonMenuItem类；可以选择多项时，效果类似于复选框，需要用到JCheckBoxMenuItem类，如图12.9所示。

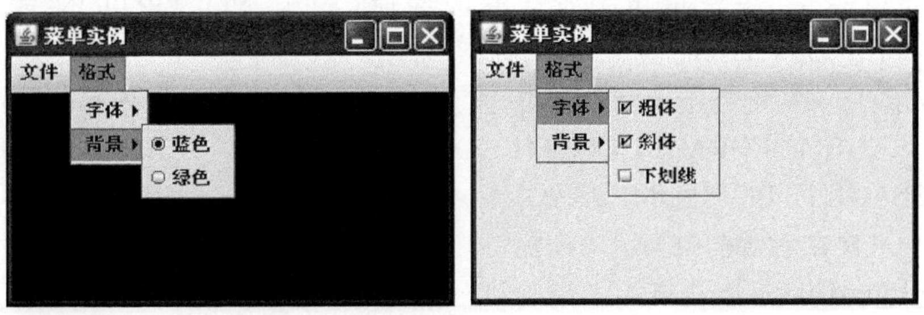

图 12.9 JRadioButtonMenuItem 和 JCheckBoxMenuItem 运行结果

2) 弹出式菜单

弹出式菜单(JPopupMenu)用于显示展开形式的菜单，可显示在屏幕的任何地方，通常是由单击鼠标右键触发的，如图12.10所示。

2. 对话框

JOptionPane用于方便地弹出要求用户提供值或向其发出通知的标准对话框。表12.2中的方法都是可以使用JOptionPane类直接调用的静态方法。

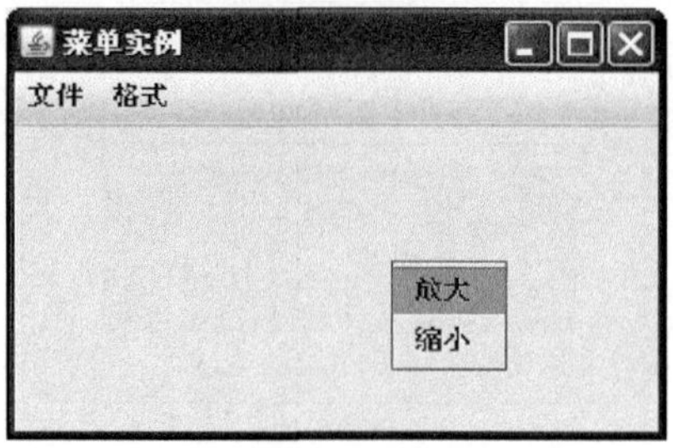

图 12.10 弹出式菜单运行结果

表 12.2 JOptionPane 类常用静态方法

方法名	描述
showConfirmDialog	询问一个确认问题，如 yes/no/cancel
showInputDialog	提示要求某些输入
showMessageDialog	告知用户某事已发生
showOptionDialog	上述三项的统一

1) showConfirmDialog 方法格式

```
showConfirmDialog(Component parentComponent, Object message, String title, int optionType,
int messageType, Icon icon)
```

参数说明，部分参数可以为 null：

- parentComponent——确定在其中显示对话框的 Frame；如果为 null 或者 parentComponent 不具有 Frame，则使用默认的 Frame。
- messag——要显示的信息。
- title——对话框的标题字符串。
- optionType——指定可用于对话框的选项(YES_NO_OPTION 或 YES_NO_CANCEL_OPTION)。
- messageType——指定此消息种类，主要用于确定来自可插入外观的图标(ERROR_MESSAGE、INFORMATION_MESSAGE、WARNING_MESSAGE、QUESTION_MESSAGE 或 PLAIN_MESSAGE)。
- icon——要在对话框中显示的图标。

2) showInputDialog 方法格式

```
showInputDialog(Component parentComponent, Object message, String title, int messageType,
Icon icon, Object[ ] selectionValues, Object initialSelectionValue)
```

参数说明，部分参数可以为 null：

- parentComponen——对话框的父窗体。
- message——要显示的信息。
- title——要在对话框的标题栏中显示的字符串。
- messageType——要显示的消息类型(ERROR_MESSAGE、INFORMATION_MESSAGE、WARNING_MESSAGE、QUESTION_MESSAGE 或 PLAIN_

MESSAGE)。

- icon——要显示的 Icon 图像。
- selectionValues——给出可能选择的选项数组。
- initialSelectionValue——用于初始化输入字段的值。

3) showMessageDialog 方法格式

```
showMessageDialog(Component parentComponent, Object message, String title, int messageType,
Icon icon)
```

参数说明,部分参数可以为 null:

- parentComponent——确定在其中显示对话框的 Frame; 如果为 null 或者 parentComponent 不具有 Frame,则使用默认的 Frame。
- message——要显示的信息。
- title——对话框的标题字符串。
- messageType——要显示的消息类型(ERROR _ MESSAGE、INFORMATION _ MESSAGE、WARNING _ MESSAGE、QUESTION _ MESSAGE 或 PLAIN _ MESSAGE)。
- icon——要在对话框中显示的图标,该图标可以帮助用户识别要显示的消息种类。

4) showOptionDialog 方法格式

```
showOptionDialog(Component parentComponent, Object message, String title, int optionType, int
messageType, Icon icon, Object[ ] options, Object initialValue)
```

参数说明,部分参数可以为 null:

- parentComponent——确定在其中显示对话框的 Frame; 如果为 null 或者 parentComponent 不具有 Frame,则使用默认的 Frame。
- message——要显示的信息。
- title——对话框的标题字符串。
- optionType——指定可用于对话框的选项的整数(YES_NO_OPTION 或 YES_NO_CANCEL_OPTION)。
- messageType——指定消息种类的整数,主要用于确定来自可插入外观的图标(ERROR _ MESSAGE、INFORMATION _ MESSAGE、WARNING _ MESSAGE、QUESTION_MESSAGE 或 PLAIN_MESSAGE)。
- icon——在对话框中显示的图标。
- options——指示用户可能选择的对象组成的数组; 如果对象是组件,则可以正确呈现; 非 String 对象使用其 toString 方法呈现; 如果此参数为 null,则由外观确定选项。
- initialValue——表示对话框的默认选择的对象; 只有在使用 options 时才有意义。

3. 表格

在关系型数据库中,现实数据以"关系"的形式进行存储。如果需要以某种视图方式显示关系型数据时,在界面上通常以表格的形式体现。表格(JTable)由表头(JTableHeader)

和表身两部分组成，如图 12.11 所示。命名表格对象名称要遵循规范：以“tbl”开头，后面单词首字母大写。

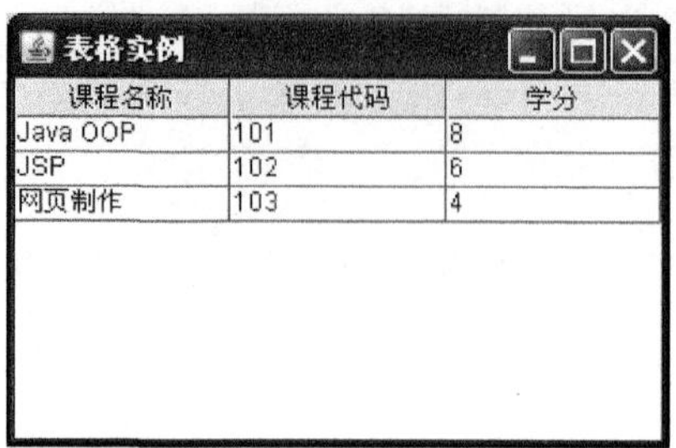

图 12.11 表格实例运行结果

4. 树

树(JTree)经常被使用来展现一种类似于“资源管理器”的形式，适应于多级菜单等层次结构的组织。树结构由节点(DefaultMutableTreeNode)组成。其中根节点只有一个，包含若干父节点，父节点再包含若干子节点，一层层地嵌套下去，直到不再包含其他任何节点，如图 12.12 所示。

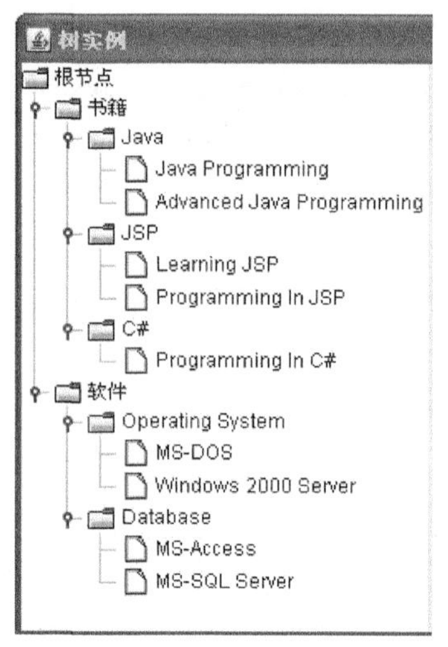

图 12.12 树实例运行结果

12.2 实验 1 使用布局管理器进行 Swing 组件在界面中的布局

【实验目的】

(1) 熟练掌握使用 Visual Editor 界面辅助设计工具构建 GUI。

(2) 熟练运用 Swing 容器和常用组件编写 Java 图形化应用程序。

(3) 熟练掌握常用组件的事件监听。

【实验内容】

创建一个窗体，内含图 12.13 所示的各种组件，进行自定义布局得到图示结果，然后分别设置为 FlowLayout 和 GridLayout 布局查看不同的效果。单击图 12.13 中的“确定”按钮后，在窗体下方的标签内显示所提交的信息。

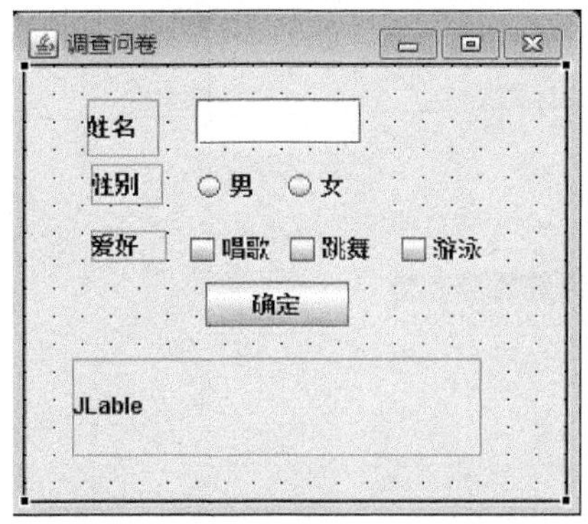

图 12.13 Swing 组件在界面中的布局

【实验步骤】

(1) 启动 Eclipse 创建一个名为 MySwing 的 Java 项目，在 src 源文件夹中创建包 frm，用于存放窗体程序，如图 12.14 所示。

图 12.14 MySwing 项目

(2) 创建一个窗体类。右击 frm 包，在弹出的快捷菜单中选择“新建”→“其他”命令，在弹出的“新建”对话框中，选择 Java→Swing→JFrame Visual Class 选项，如图 12.15 所示。

(3) 单击“下一步”按钮，弹出 New Java Visual Class 对话框，在“名称”文本框中输入窗体类名 QuestionFrm，选中 public static void main(String[ ] args)复选框，如图 12.16 所示。

(4) 单击“完成”按钮，即完成 QuestionFrm 窗体类的创建，同时显示 Java 透视图，如图 12.17 所示。由于 Eclipse 安装了 Visual Editor 插件，“编辑器”视图被默认分成三部分：设计视图、代码视图和组件工具箱。可以任意从“工具箱”中选择拖放组件到“设计”视图的窗体中，同时在“代码”视图中会自动生成相应代码；同样，在“代码”视图中修改了部分代码，也会即时反应在“所见即所得”的“设计”视图中。在这三个视图窗口中，可以通过单击窗口边缘的小三角按钮实现任意收放。

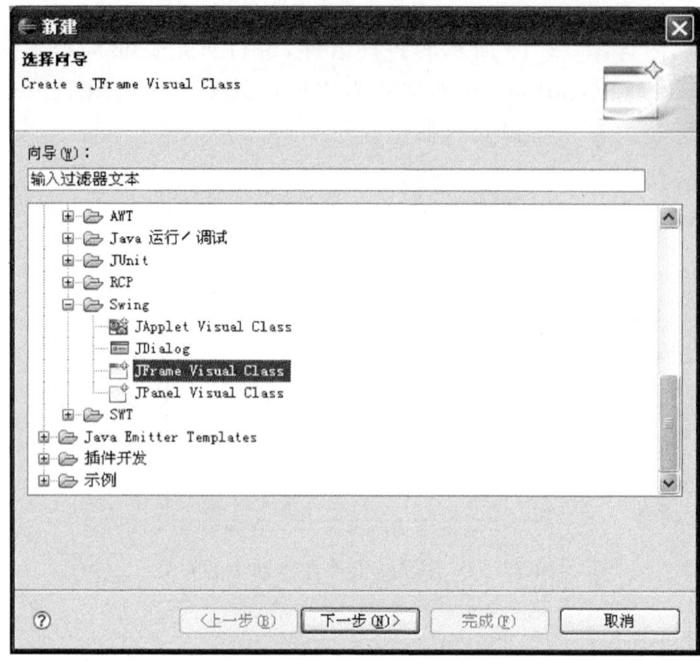

图 12.15　选择新建 JFrame Visual Class

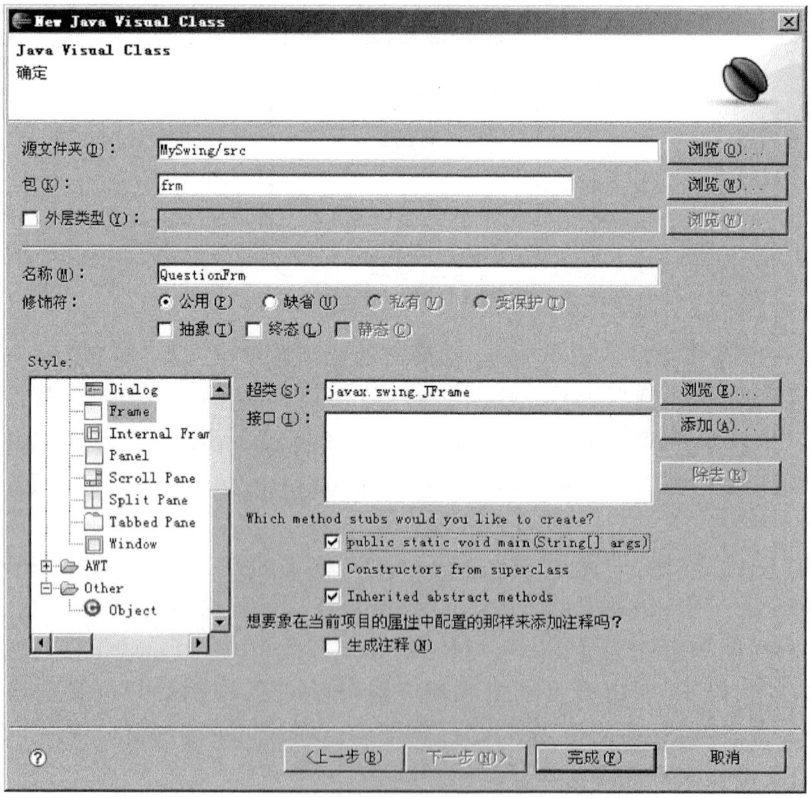

图 12.16　输入窗体类名

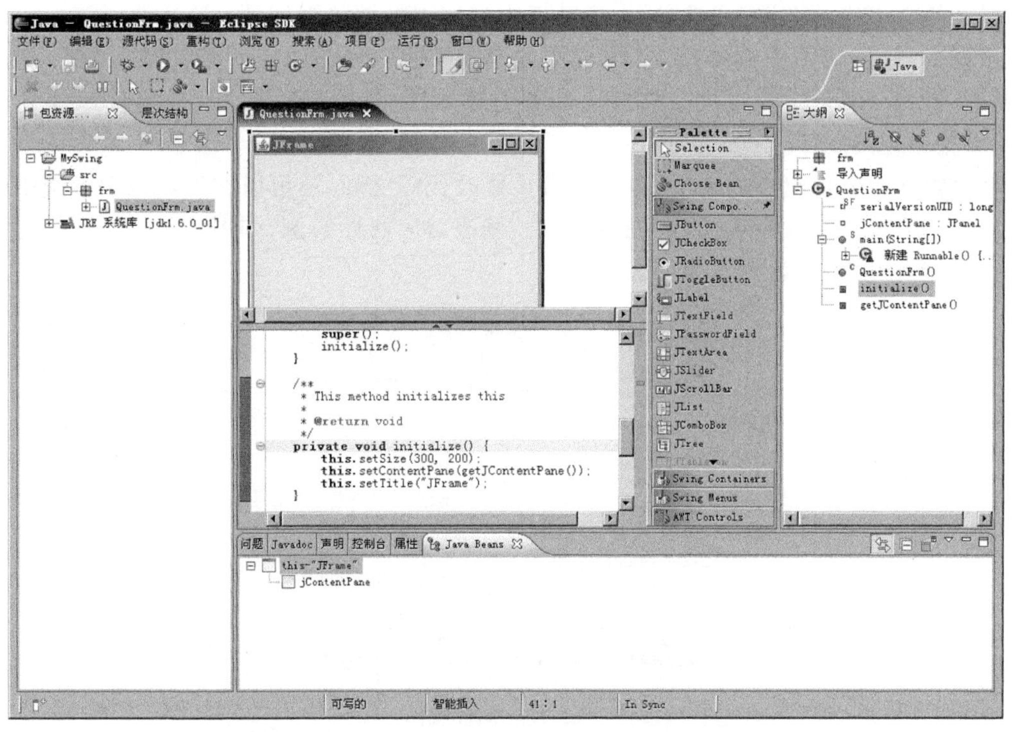

图 12.17 Java 透视图——显示窗体类

按照图 12.13 将所需组件拖放到窗体上，并按图示布局，在“代码”视图中适当修改，或直接进入“代码”视图编写代码。

为了操作方便，本书采用先拖放组件再修改代码的方法完成本例。为了可以随意摆放组件位置，首先设置窗体的布局方式为 null 模式。但是这样做会使组件在窗体中绝对定位，当在不同的操作系统平台，或改变屏幕或窗体的大小时，使用 null 布局模式的界面可能会出现界面混乱，影响界面美观。

首先，右击窗体空白处，在快捷菜单中选择 Set Layout→null 命令。

然后，在编辑器视图的工具箱中，选中 JLabel 按钮，接着在窗体空白处用鼠标左键拖放一个标签弹出一个如图 12.18 所示的对话框，在文本框中输入即将创建的标签对象名称 lblname，单击“确定”按钮，在设计视图中可以看到一个标签出现在窗体上，单击该组件将标

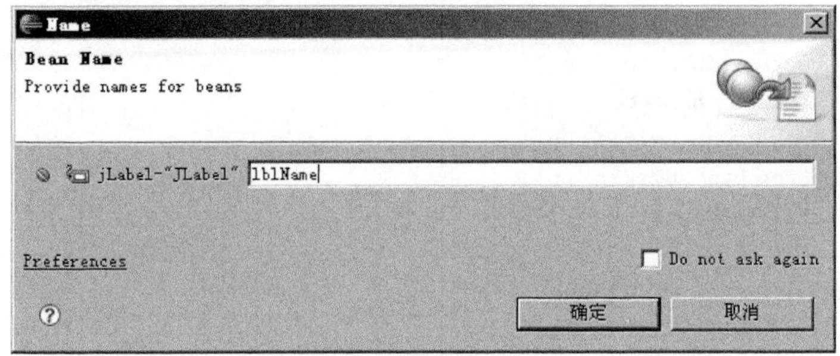

图 12.18 给标签组件对象命名

签上显示的文本内容设置为“姓名”。拖动该组件的边框调整组件到合适大小。

接下来，从工具箱中选择标签、文本框 JTextField 、单选按钮 JRadioButton 、复选框 JCheckBox ，以及按钮 JButton 组件按钮，参考上述方法将选择所需的其他组件添加到窗体中，并设置相应的属性。

修改窗体或其他组件的属性，除可以直接修改代码之外，还可以在设计视图中选中组件对象后，在 Eclispe 开发环境的“属性”视图中，修改对应属性的值，如图 12.19 所示。建议熟悉代码操作，帮助初学者提高编程能力。

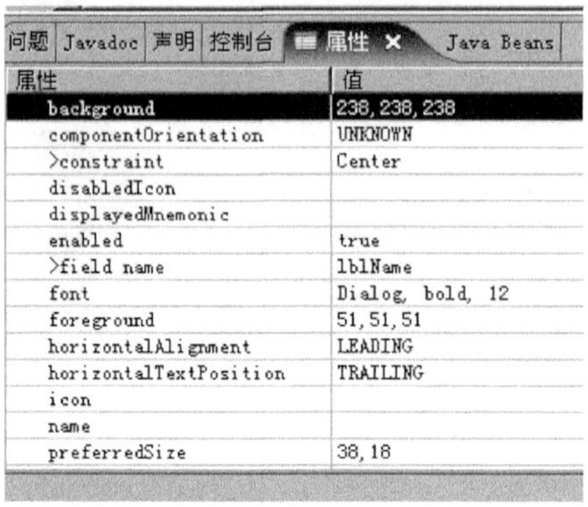

问题 | Javadoc | 声明 | 控制台 | 属性 × | Java Beans

属性	值
background	238,238,238
componentOrientation	UNKNOWN
>constraint	Center
disabledIcon	
displayedMnemonic	
enabled	true
>field name	lblName
font	Dialog, bold, 12
foreground	51,51,51
horizontalAlignment	LEADING
horizontalTextPosition	TRAILING
icon	
name	
preferredSize	38,18

图 12.19　属性视图

编辑完所有的组件后，进入“代码”视图，可以看到自动生成代码如下。

【参考代码】

```
//QuestionFrm.java
package frm;
import javax.swing.*;
import java.awt.*;
public class QuestionFrm extends JFrame {
    private static final long serialVersionUID = 1L;
    private JPanel jContentPane = null;
    private JTextField txtName = null;
    private JLabel lblName = null;
    private JLabel lblSex = null;
    private JRadioButton radMale = null;
    private JRadioButton radFemale = null;
    private JLabel lblFavor = null;
    private JCheckBox chkSing = null;
    private JCheckBox chkDance = null;
    private JCheckBox chkSwim = null;
    private JButton btnSubmit = null;
    private JLabel lblResult = null;
/**
  * This method initializes txtName
  *
  * @return javax.swing.JTextField
  */
    private JTextField getTxtName() {
```

```
        if (txtName == null) {
            txtName = new JTextField();
            txtName.setBounds(new Rectangle(90, 18, 88, 25));
        }
        return txtName;
    }
/**
 * This method initializes radMale
 *
 * @return javax.swing.JRadioButton
 */
    private JRadioButton getRadMale() {
        if (radMale == null) {
            radMale = new JRadioButton();
            radMale.setBounds(new Rectangle(87, 53, 44, 25));
            radMale.setText("男");
        }
        return radMale;
    }
/**
 * This method initializes radFemale
 *
 * @return javax.swing.JRadioButton
 */
    private JRadioButton getRadFemale() {
        if (radFemale == null) {
            radFemale = new JRadioButton();
            radFemale.setBounds(new Rectangle(135, 53, 47, 25));
            radFemale.setText("女");
        }
        return radFemale;
    }
/**
 * This method initializes chkSing
 *
 * @return javax.swing.JCheckBox
 */
    private JCheckBox getChkSing() {
        if (chkSing == null) {
            chkSing = new JCheckBox();
            chkSing.setBounds(new Rectangle(83, 89, 53, 21));
            chkSing.setText("唱歌");
        }
        return chkSing;
    }
/**
 * This method initializes chkDance
 *
 * @return javax.swing.JCheckBox
 */
    private JCheckBox getChkDance() {
```

```
        if (chkDance == null) {
            chkDance = new JCheckBox();
            chkDance.setBounds(new Rectangle(136, 89, 53, 21));
            chkDance.setText("跳舞");
        }
        return chkDance;
    }
/**
 * This method initializes chkSwim
 *
 * @return javax.swing.JCheckBox
 */
    private JCheckBox getChkSwim() {
        if (chkSwim == null) {
            chkSwim = new JCheckBox();
            chkSwim.setBounds(new Rectangle(195, 89, 53, 21));
            chkSwim.setText("游泳");
        }
        return chkSwim;
    }
/**
 * This method initializes btnSubmit
 *
 * @return javax.swing.JButton
 */
    private JButton getBtnSubmit() {
        if (btnSubmit == null) {
            btnSubmit = new JButton();
            btnSubmit.setBounds(new Rectangle(95, 117, 76, 24));
            btnSubmit.setText("确定");
        }
        return btnSubmit;
    }
/**
 * @param args
 */
    public static void main(String[ ] args) {
        SwingUtilities.invokeLater(new Runnable() {
            public void run() {
                QuestionFrm thisClass = new QuestionFrm();
                thisClass.setDefaultCloseOperation(JFrame.EXIT_ON_CLOSE);
                thisClass.setVisible(true);
            }
        });
    }
/**
 * This is the default constructor
 */
    public QuestionFrm() {
        super();
        initialize();
```

```
    }
/**
 * This method initializes this
 *
 * @return void
 */
    private void initialize() {
        this.setSize(302, 273);
        this.setContentPane(getJContentPane());
        this.setTitle("调查问卷");
    }
/**
 * This method initializes jContentPane
 *
 * @return javax.swing.JPanel
 */
    private JPanel getJContentPane() {
        if (jContentPane == null) {
            lblResult = new JLabel();
            lblResult.setBounds(new Rectangle(25, 158, 216, 53));
            lblResult.setText("");
            lblFavor = new JLabel();
            lblFavor.setBounds(new Rectangle(35, 89, 40, 17));
            lblFavor.setText("爱好");
            lblSex = new JLabel();
            lblSex.setBounds(new Rectangle(35, 53, 38, 22));
            lblSex.setText("性别");
            lblName = new JLabel();
            lblName.setBounds(new Rectangle(33, 18, 38, 31));
            lblName.setText("姓名");
            //添加一个 ButtonGroup,达到选其一的效果
            ButtonGroup btngrpSex = new ButtonGroup( );
            btngrpSex.add(getRadMale( ));
            btngrpSex.add(getRadFemale( ));
            jContentPane = new JPanel();
            jContentPane.setLayout(null);
            jContentPane.add(getTxtName(), null);
            jContentPane.add(lblName, null);
            jContentPane.add(lblSex, null);
            jContentPane.add(getRadMale(), null);
            jContentPane.add(getRadFemale(), null);
            jContentPane.add(lblFavor, null);
            jContentPane.add(getChkSing(), null);
            jContentPane.add(getChkDance(), null);
            jContentPane.add(getChkSwim(), null);
            jContentPane.add(getBtnSubmit(), null);
            jContentPane.add(lblResult, null);
        }
        return jContentPane;
    }
} // @jve:decl-index=0:visual-constraint="10,10"
```

【程序解析】

在实际应用中切忌在一个容器(如一个面板)中放入所有组件,因为单个容器的组件布局过于复杂,以后修改或维护起来很困难。开发复杂界面时,一般会在放置组件之前,按照界面设计思路,使用“容器嵌套”的方法“勾勒”出框架。

(5) 右击窗体空白处,在快捷菜单中选择 Set Layout→FlowLayout 命令,窗体组件布局效果如图 12.20 所示。

图 12.20 FlowLayout 布局效果图

(6) 右击窗体空白处,在快捷菜单中选择 Set Layout→GridLayout 命令,窗体组件布局效果如图 12.21 所示。

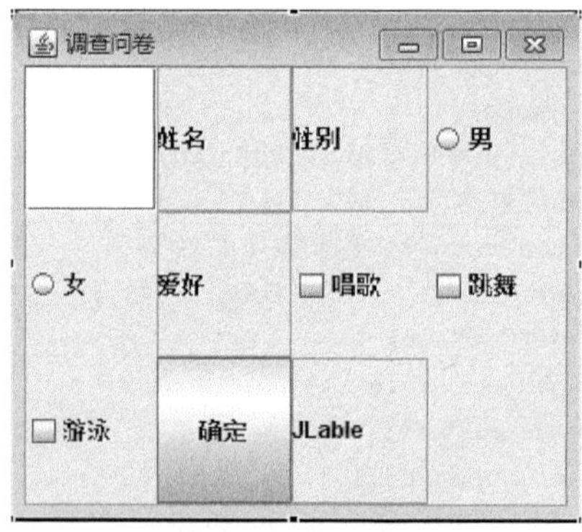

图 12.21 GridLayout 布局效果图

(7) 修改程序中 private JPanel getJContentPane()方法的代码至初始状态(null 模式)。在设计视图中,右击按钮,在快捷菜单中选择 Events→actionPerformed 命令,getBtnSubmit()方法代码发生变化如下:

```
private JButton getBtnSubmit() {
    if (btnSubmit == null) {
        btnSubmit = new JButton();
        btnSubmit.setBounds(new Rectangle(95, 117, 76, 24));
        btnSubmit.setText("确定");
        btnSubmit.addActionListener(new java.awt.event.ActionListener() {
            public void actionPerformed(java.awt.event.ActionEvent e) {
```

```
                System.out.println("actionPerformed()");
                // TODO Auto-generated Event stub actionPerformed()
            }
        });
    }
    return btnSubmit;
}
```

(8) 修改步骤(7)中的程序代码，使得单击"确定"按钮后，在窗体下方的标签内显示所提交的信息，代码如下。

【参考代码】

```
private JButton getBtnSubmit() {
    if (btnSubmit == null) {
        btnSubmit = new JButton();
        btnSubmit.setBounds(new Rectangle(95, 117, 76, 24));
        btnSubmit.setText("确定");
        btnSubmit.addActionListener(new java.awt.event.ActionListener() {
            public void actionPerformed(java.awt.event.ActionEvent e) {
                String sex = null;
                StringBuffer favor = new StringBuffer();
                if(radMale.isSelected()){
                    sex = radMale.getText();
                }
                if(radFemale.isSelected()){
                    sex = radFemale.getText();
                }
                if(chkSing.isSelected()){
                    favor.append(chkSing.getText());
                    favor.append("  ");
                }
                if(chkDance.isSelected()){
                    favor.append(chkDance.getText());
                    favor.append("  ");
                }
                if(chkSwim.isSelected()){
                    favor.append(chkSwim.getText());
                    favor.append("  ");
                }
                lblResult.setText(txtName.getText() + "  " + sex + "  " + favor.toString());
            }
        });
    }
    return btnSubmit;
}
```

(9) 修改完毕，单击工具栏中的 按钮，选择"运行方式"→"Java 应用程序"命令来运行 QuestinFrm，填选信息后单击"确定"按钮，可以在屏幕上看到运行结果，如图 12.22 所示。

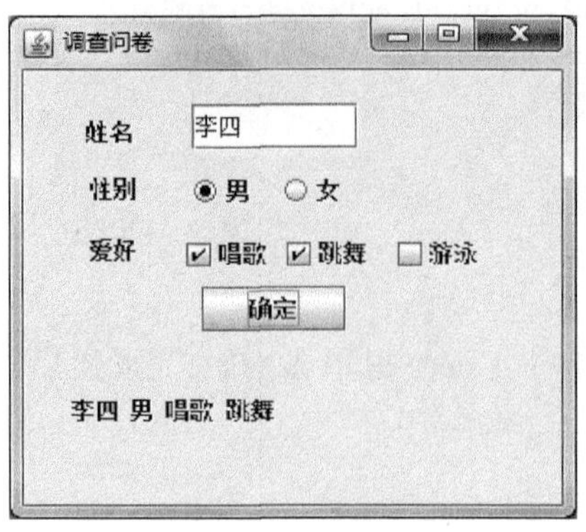

图 12.22 QuestionFrm 运行结果

12.3 实验 2 Swing 高级组件的应用(树/表格)

【实验目的】

(1) 熟练运用 Swing 高级组件编写 Java 图形化应用程序。

(2) 熟练掌握高级组件的事件监听。

【实验内容】

(1) 利用 Swing 高级组件实现如图 12.23 所示的表格。

(2) 利用 Swing 高级组件实现如图 12.24 所示的树。

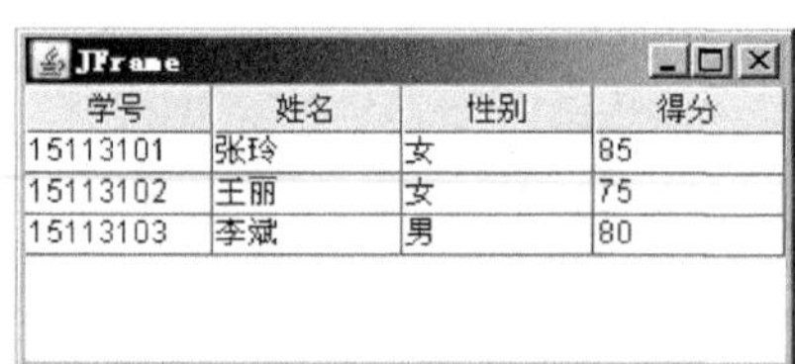

学号	姓名	性别	得分
15113101	张玲	女	85
15113102	王丽	女	75
15113103	李斌	男	80

图 12.23 Swing 表格

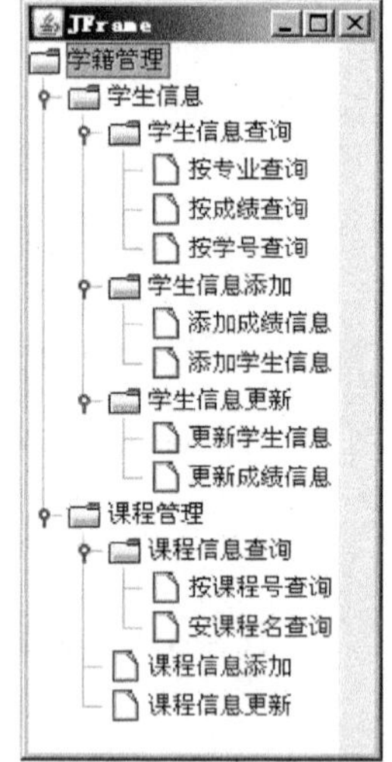

图 12.24 Swing 树

【实验步骤】

(1) 启动 Eclipse,打开 12.2 实验 1 中的 MySwing 项目,在 frm 包中创建窗体类 TableFrm,选中“public static void main(String[ ] args)”复选框。在“代码”视图中编写如下代码。

【参考代码】

```
//TableFrm.java
package frm;
import java.awt.BorderLayout;
import javax.swing.*;
import javax.swing.table.JTableHeader;

public class TableFrm extends JFrame {
    private static final long serialVersionUID = 1L;

    private JPanel jContentPane = null;
    private JTable tblStu = null;
    //表身数据
    Object[ ][ ] data = {{"15113101", "张玲","女", new Integer(85)},
                         {"15113102", "王丽","女", new Integer(75)},
                         {"15113103", "李斌","男", new Integer(80)}};
    String[ ] fields = {"学号", "姓名", "性别","得分"};              //表头字段
    JTableHeader jTableHeader1 = null;
    /**
     * @param args
     */
    public static void main(String[ ] args) {
        // TODO 自动生成方法存根
        SwingUtilities.invokeLater(new Runnable() {
            public void run() {
                TableFrm thisClass = new TableFrm();
                thisClass.setDefaultCloseOperation(JFrame.EXIT_ON_CLOSE);
                thisClass.setVisible(true);
            }
        });
    }
    /**
     * This is the default constructor
     */
    public TableFrm() {
        super();
        initialize();
    }
    /**
     * This method initializes this
     * @return void
     */
    private void initialize() {
        this.setSize(300, 200);
        this.setContentPane(getJContentPane());
        this.setTitle("JFrame");
    }
    private JTable getTblStu( ) {
                if (tblStu == null) {
                    tblStu = new JTable(data, fields);          //创建表格
```

```
                }
                return tblStu;
    }
    private JTableHeader getJTableHeader1( ) {
                if (jTableHeader1 == null) {
                    jTableHeader1 = tblStu.getTableHeader( );  //创建表头
                }
                return jTableHeader1;
     }
    /**
     * This method initializes jContentPane
     *   @return javax.swing.JPanel
     */
     private JPanel getJContentPane( ) {
              if (jContentPane == null) {
                  jContentPane = new JPanel( );
                  jContentPane.setLayout(new BorderLayout( ));
                  //布局表格
                  jContentPane.add(getTblStu( ), BorderLayout.CENTER);
                  //布局表头
                  jContentPane.add(getJTableHeader1( ), BorderLayout.NORTH);
              }
              return jContentPane;
     }
}
```

(2) 在 frm 包中新建窗体类 TreeFrm,选中"public static void main(String[ ] args)"复选框。在"代码"视图中编写如下代码。

【参考代码】

```
//TreeFrm.java
package frm;
import java.awt.BorderLayout;
import javax.swing.JOptionPane;
import javax.swing.JPanel;
import javax.swing.JFrame;
import javax.swing.JTree;
import javax.swing.SwingUtilities;
import javax.swing.tree.DefaultMutableTreeNode;

public class TreeFrm extends JFrame {
    private static final long serialVersionUID = 1L;
    private JPanel jContentPane = null;
    /**
     * @param args
     */
    public static void main(String[ ] args) {
        SwingUtilities.invokeLater(new Runnable() {
            public void run() {
```

```
                TreeFrm thisClass = new TreeFrm();
                thisClass.setDefaultCloseOperation(JFrame.EXIT_ON_CLOSE);
                thisClass.setVisible(true);
            }
        });
    }
    /**
     * This is the default constructor
     */
    public TreeFrm() {
        super();
        initialize();
    }
    /**
     * This method initializes this
     *  @return void
     */
    private void initialize() {
        this.setSize(300, 200);
        this.setContentPane(getJContentPane());
        this.setTitle("JFrame");
    }
    private JTree jTree = null;
    private JTree getJTree() {
        if (jTree == null) {
            //创建根节点
            DefaultMutableTreeNode root = new DefaultMutableTreeNode("学籍管理");
            //创建父节点
           DefaultMutableTreeNode parent = new DefaultMutableTreeNode("学生信息");
            root.add(parent);          //将第一个父节点添加到根节点下
            //创建子节点
    DefaultMutableTreeNode query = new DefaultMutableTreeNode("学生信息查询");
    parent.add(query);                 //将第一个子节点添加到父节点下
    DefaultMutableTreeNode majorq = new DefaultMutableTreeNode("按专业查询");
    query.add(majorq);
    DefaultMutableTreeNode gradeq = new DefaultMutableTreeNode("按成绩查询");
    query.add(gradeq);
    DefaultMutableTreeNode idq = new DefaultMutableTreeNode("按学号查询");
    query.add(idq);

    DefaultMutableTreeNode insert = new DefaultMutableTreeNode("学生信息添加");
    parent.add(insert);                //将第二个子节点添加到父节点下
    DefaultMutableTreeNode gradei = new DefaultMutableTreeNode("添加成绩信息");
    insert.add(gradei);
    DefaultMutableTreeNode stui = new DefaultMutableTreeNode("添加学生信息");
    insert.add(stui);
```

```
        DefaultMutableTreeNode update = new DefaultMutableTreeNode("学生信息更新");
        parent.add(update);                //将第三个子节点添加到父节点下
        DefaultMutableTreeNode stuu = new DefaultMutableTreeNode("更新学生信息");
        update.add(stuu);
        DefaultMutableTreeNode gradeu = new DefaultMutableTreeNode("更新成绩信息");
        update.add(gradeu);
        parent = new DefaultMutableTreeNode("课程管理");
        root.add(parent);                  //将第二个父节点添加到根节点下
        query = new DefaultMutableTreeNode("课程信息查询");
        parent.add(query);
        DefaultMutableTreeNode cidq = new DefaultMutableTreeNode("按课程号查询");
        query.add(cidq);
        DefaultMutableTreeNode cnameq = new DefaultMutableTreeNode("按课程名查询");
        query.add(cnameq);
        insert = new DefaultMutableTreeNode("课程信息添加");
        parent.add(insert);
        update = new DefaultMutableTreeNode("课程信息更新");
        parent.add(update);

        jTree = new JTree(root);           //将根节点作为参数构造 JTree 对象
        //实现响应 JTree 的 valueChanged 事件
        jTree    .addTreeSelectionListener(new javax.swing.event.TreeSelectionListener() {
                public void valueChanged(
                    javax.swing.event.TreeSelectionEvent e) {
                        //取得所选择的节点
                        DefaultMutableTreeNode node = (DefaultMutableTreeNode) jTree
                                .getLastSelectedPathComponent();
                        Object nodeInfo = node.getUserObject();
                        JOptionPane.showMessageDialog(null, nodeInfo
                                .toString(), "选择节点",
                                JOptionPane.INFORMATION_MESSAGE);
                    }
                });
        }
        return jTree;
    }
    private JPanel getJContentPane() {
        if (jContentPane == null) {
            jContentPane = new JPanel();
            jContentPane.setLayout(new BorderLayout());
            jContentPane.add(getJTree(), BorderLayout.WEST);
        }
        return jContentPane;
    }
}
```

12.4 课外练习

1. 设计一个窗口，内含一个按钮，开始运行时，按钮显示“我是一个按钮”，当用鼠标单击这个按钮后，按钮背景变为绿色并显示“你已经按过了，欢迎你”，再单击按钮恢复初始状态，如此循环。

2. 设计一个窗口，内含一个标签，一个文本框和一个显示“提交”的按钮，运行程序时，在文本框内输入一个整数，单击“提交”按钮后在标签内显示个位数字。

3. Windows 系统的“附件”中提供了“计算器”应用程序，打开其程序窗口，利用 Swing 绘制界面并实现相应的功能。

第13章

数据库编程

在桌面应用程序中，Swing 有效地解决了客户端(client)的 GUI 界面，用户通常需要通过 GUI 界面与后台服务器(server)进行交互，完成数据的增加(insert)、删除(delete)、修改(update)和查询(select)的数据库操作。JDBC(Java Database Connectivity)是一种最简单的 Java 数据库连接方式。

13.1 预备知识

13.1.1 JDBC API

JDBC 是一种用于执行 SQL 语句的 Java API，可以为多种关系数据库提供统一访问，它由一组用 Java 语言编写的类和接口组成。简单地说，JDBC 可做三件事：与数据库建立连接、发送 SQL 语句并处理结果。JDBC 体系结构如图 13.1 所示。

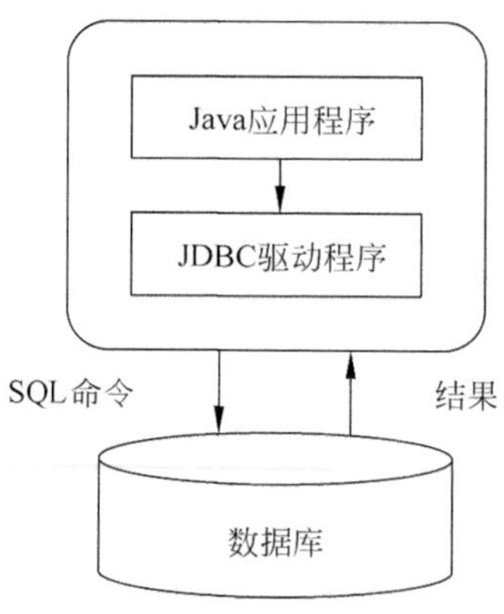

图 13.1 JDBC 体系结构

作为 API，JDBC 为程序开发提供标准的接口，并为数据库厂商及第三方中间件厂商实现与数据库的连接提供了标准方法。JDBC 使用已有的 SQL 标准并支持与其他数据库连接标准，如 ODBC 之间的桥接。使用 JDBC API 可以直接调用 SQL 命令，并比其他的数据库连接 API 易于使用。

JDBC API 包括一个框架(来自 java. sql 包),凭借此框架可以动态地安装不同驱动程序来访问不同数据源、执行 SQL 语句、处理结果集或更新数据记录等。表 13. 1 展示了执行 JDBC 数据库操作的常用 API。

表 13.1 常用 JDBC API

类或接口名称	说　明
DriverManager	此类用于加载和卸载各种驱动程序并建立与数据库的连接
Connection	此接口表示与数据的连接
Statement	此接口用于执行 SQL 语句
PreparedStatement	此接口用于执行预编译的 SQL 语句
ResultSet	此接口表示查询出来的数据库数据结果集
SQLException	此接口用于检索数据库提供的错误消息和错误代码

使用 JDBC API 进行数据库操作步骤如下:

- 导入 JDBC API——首先利用 import 语句导入 java. sql 包。
- 装载驱动程序——针对不同 DBMS,使用 Class 类的 forName 方法加载驱动程序类的支持。
- 建立数据库连接——使用 DriverManager 类的 getConnection 方法,指明数据库或数据源的 url,以及登录 DBMS 的用户名及口令,创建数据库连接对象(Connection 接口对象)。
- 创建 JDBC Statements 对象——使用已有的 Connection 数据库连接对象创建一个 Statement 对象,利用该对象把 SQL 语句执行适当的方法发送到 DBMS。
- 执行语句——对 SELECT 语句来说,使用 executeQuery 方法执行,返回结果是 ResultSet 类型的结果集:对 INSERT、UPDATE、DELETE 语句来说,使用 executeUpdate 方法执行,返回结果是影响的行数。
- 处理结果——对返回的结果集或影响行数进行处理,可以进行显示、判断等操作。
- 关闭资源——与各种对象创建的顺序相反,依次关闭 ResultSet、Statement、Connection 对象。

13.1.2 创建数据库连接

在对数据库中的数据进行查询或更新操作之前,首先要创建与数据库之间的连接,也就是利用装载的驱动程序类创建 Connection 对象。加载驱动程序与创建连接方法的语法格式如下:

```
Class.forName("驱动程序名称");
Connection conn = DriverManager.getConnection("jdbc:<子协议名>:<子名称>", username,
password);
```

此外,在实际开发中经常使用第三方驱动方式来建立与数据库之间的连接。例如,使用微软 JDBC 驱动程序来创建 SQL Server 的数据库连接对象,这时无须配置 ODBC 数据源,但需要外部 jar 包的支持。如果使用的是 SQL Server 2000 数据库,需添加 msbase. jar, mssqlserver. jar 和 msutil. jar 三个 jar 包。而如果使用的是 SQL Server 2005 数据库,只需添加一个 sqljdbc.jar 包。在 Eclipse 中可根据所使用的数据库版本将所需的外部 jar 包添加到项目的库引用中，利用如下代码装载驱动类：

```
Class.forName("com.microsoft.jdbc.sqlserver.SQLServerDriver");  //支持 SQL Server 2000
Class.forName("com.microsoft.sqlserver.jdbc.SQLServerDriver");  //支持 SQL Server 2005
```

创建连接对象时无须指明数据源，而是使用包含 JDBC 协议、地址、端口和数据库名称的 url 地址，来定位数据库，代码如下：

```
//支持 SQL Server 2000
Connection conn = DriverManager.getConnection(
"jdbc:microsoft:sqlserver://localhost:1433;databaseName = pubs", "sa", "sa");
//支持 SQL Server 2005
Connection conn = DriverManager.getConnection(
        "jdbc:sqlserver://localhost:1433;databaseName = pubs", "sa", "sa123456");
```

13.1.3 实现数据查询

创建好数据库连接对象后，就可以对数据库中的数据进行操作。SELECT 查询是企业级应用系统最基本的操作，将数据库中的数据以某种视图模式显示给用户。代码步骤一般是基于 Connection 连接对象创建一个 Statement 对象，使用其 executeQuery 方法执行 SELECT 语句，返回结果一个 ResultSet 结果集对象，然后再对结果集对象进行处理，最后关闭所创建的所有数据库资源，关闭顺序与创建时相反。

在对结果集处理时，通常通过循环遍历结果集中的数据，常用的方法有：

- rs.next( )——使记录指针下移一行。
- rs.getString( )——读取当前记录中的字符串型数据，括号里的参数指明要读取的字段名称。
- rs.getInt( )——读取当前记录中的整型数据，括号里的参数指明要读取的字段名称。
- rs.getDate( )——读取当前记录中的日期型数据，括号里的参数指明要读取的字段名称。

在读取某一条记录的字段数据时，除了可如上述方法指明字段名称外，还可以按照读取字段的顺序指明序号，但建议采用指明字段名称的方法，这样程序可读性较好。

当创建 Statement 对象时，设置参数 ResultSet.TYPE_SCROLL_SENSITIVE 可以设置结果集为可滚动的，则可以调用 ResultSet 的以下方法获取指定位置的一条记录：

- first( )——指向第一条记录。
- last( )——指向最后一条记录。
- previous( )——指向当前记录的前一条记录。
- absolute(int row)——绝对定位到指定记录号 row 的记录。
- relative(int rows)——相对当前记录向上或向下移动 rows 行的记录。

13.1.4 实现数据更新

除数据查询外，应用系统中还会经常进行数据插入、修改和删除的更新操作。在执行插入、更新(修改)和删除操作时,基于数据库连接对象 Connection 创建一个 Statement 对象后,使用 Statement 对象的 executeUpdate 方法执行相应的更新 SQL 语句,返回影响的记录行数,然后再对返回的结果进行判断处理,最后关闭所创建的所有数据库资源。

13.1.5 预编译方式执行 SQL 语句

上述利用 Statement 对象执行 SQL 语句中存在执行效率的问题,即每次都将整条 SQL 语句发送到数据库执行。而 SQL 语句的书写非常格式化,有时每次执行只是改变了 WHERE 子句中的值。这时可以考虑使用预编译 SQL 语句。使用预编译语句不需要数据库对相同的 SQL 语句进行分析和编译,即可直接运行,这种方法可以大大提高执行效率。

此外,在预编译语句中使用输入参数,可以有助于正确书写 SQL 语句。输入参数可以是 WHERE 子句,也可以是 INSERT 语句中 VALUES 子句的值。在执行时,SQL 语句会被预先编译,待输入参数也发送到数据库后,由数据库进行处理。例如,下面的 SQL 语句字符串用来查询某指定 pub_id 的所有 employee 信息:

```
String sql = "select * from employee where pub_id = ?";
```

其中,查询字符串中的问号"?"是输入参数的占位符。这些占位符对应于数据库中的变量,称为绑定变量。使用绑定变量的查询被编译一次,随后把这个查询作为一个模板。如果以后再执行该查询,将直接使用该模板运行。

执行预编译语句需要使用 Connection 对象的 prepareStatement( )方法创建一个 PreparedStatement 对象。创建 PreparedStatement 对象后,需要使用该对象的 setXXX( )方法为预编译语句中输入参数指定值。预编译语句中第一个参数索引为 1,第二个参数索引为 2,以此类推。上文例中给出的预编译 SQL 语句 1 号索引位置为参数 pub_id 的值,该参数的类型为 String,若要为其指定为形参变量 pub_id 的值,则应使用 PreparedStatement 对象的 setString(1, pub_id)为参数输入指定值。这样当输入不同的 pub_id 值时,PreparedStatement 对象会生成相应的 SQL 语句。而当查询所需记录信息时,在数据库中直接使用编译时产生的模板,执行完整具体的 SQL 语句,而不需要重新编译使用相同模板的多条 SQL 语句。

13.2 实验 1 实现数据添加操作

【实验目的】

(1) 熟练 java.sql 包的使用。

(2) 掌握常见 JDBC API 的使用。

(3) 掌握 JDBC 实现数据添加操作。

【实验内容】

在 SQL Server 2005 中创建一个名为 StudentMangement 的数据库,其中包含一个学生信息表 student,表中包括学号(stuid,varchar(8))、姓名(stuname,varchar(10))、性别(stusex,char(2))、出生日期(stubirth,datetime)和生源地(stuadd,varchar(50))5 个字段,使用 java.sql 包中相应的 JDBC API 建立数据库连接,并向数据表中添加学生信息,学生信

息如表 13.2 所示。

表 13.2　学生信息表

学　号	姓　名	性　别	出生日期	生 源 地
15112101	张明	男	1997/09/20	北京昌平
15112103	赵华	男	1998/01/09	天津南开
15112105	杨晖	女	1997/09/10	浙江杭州

【实验步骤】

关于在 SQL Server 2005 中创建数据库和数据表，如图 13.2 所示，具体操作本书中不予介绍，直接从 Java 部分开始。

表 - dbo.student　摘要

列名	数据类型	允许空
stuid	varchar(8)	☐
stuname	varchar(50)	☐
stusex	char(2)	☑
stubirth	datetime	☑
stuadd	varchar(50)	☑

图 13.2　SQL Server 2005 创建 student 表

(1) 启动 Eclipse 后创建一个名为 DataAccess 的 Java 项目，在 src 源文件夹中创建包 test，用于存放测试程序。

(2) 找到并复制 sqljdbc.jar，在 Eclipse 中右击“包资源管理器”视图中的项目名，在快捷菜单中选择“粘贴”命令。此时 sqljdbc.jar 出现在其中，右击该 jar 包，在快捷菜单中选择“构建路径”→“添加至构建路径”命令，添加完 jar 包后的“包资源管理器”视图如图 13.3 所示。

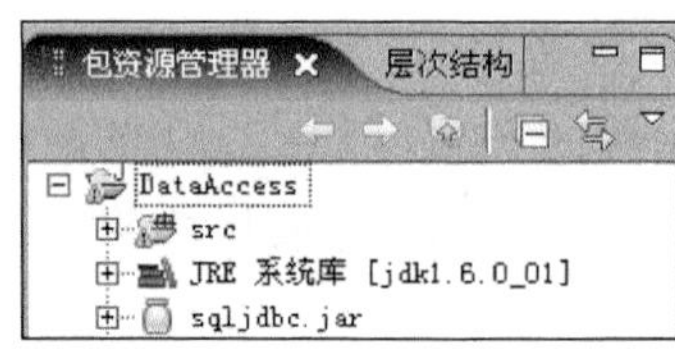

图 13.3　添加 sqljdbc.jar 包

(3) 右击“包资源管理器”视图中的 test 包，在快捷菜单中选择“新建”→“类”命令。在弹出的“新建 Java 类”对话框中输入类名 InsertTest，选中“public static void main(String[] args)”复选框。单击“完成”按钮后，在打开的代码编辑器中输入代码。

【参考代码】

```
//InsertTest.java
package test;
import java.sql.Connection;
import java.sql.DriverManager;
import java.sql.SQLException;
import java.sql.Statement;
import java.sqll.Date;
```

```
public class InsertTest {
public boolean insert(String stuid,String stuname, String stusex,Date stubirth,String stuadd){
    Connection conn = null;
    Statement stmt = null;
    try {                                    //支持 SQL Server 2005
        Class.forName("com.microsoft.sqlserver.jdbc.SQLServerDriver");
        conn = DriverManager.getConnection("jdbc:sqlserver://localhost:1433;
                databaseName = StudentMangement","sa", "sa123456");
        stmt = conn.createStatement();
        String sql = "insert into student values('"
                + stuid + "','" + stuname + "','" + stusex + "','" + stubirth + "','" + stuadd + "')";
        int num = stmt.executeUpdate(sql);
        if(num > 0){
            return true;
        }
    } catch (ClassNotFoundException e) {    // TODO 自动生成 catch 块
        e.printStackTrace();
    } catch (SQLException e) {              // TODO 自动生成 catch 块
        e.printStackTrace();
    }finally{
        try {
            stmt.close();
            conn.close();
        } catch (SQLException e) {          // TODO 自动生成 catch 块
            e.printStackTrace();
        }
    }
    return false;
}
public static void main(String[ ] args) {
    InsertTest inst = new InsertTest();
    Date birth1 = null;
    Date birth2 = null;
    Date birth3 = null;

    birth1 = Date.valueOf("1997 - 09 - 20");
    birth2 = Date.valueOf("1998 - 01 - 09");
    birth3 = Date.valueOf("1997 - 09 - 10");

    boolean flag1 = inst.insert("15112101", "赵明", "男",birth1,"北京昌平");
    if(flag1){
        System.out.println("已插入第一个学生信息");
    }
    boolean flag2 = inst.insert("15112103", "赵华", "男",birth2,"天津南开");
    if(flag2){
        System.out.println("已插入第二个学生信息");
    }
```

```
        boolean flag3 = inst.insert("15112105", "杨晖", "女",birth3,"浙江杭州");
        if(flag3){
            System.out.println("已插入第三个学生信息");
        }
    }
}
```

【程序解析】

在本书数据库实验中均使用第三方驱动方式来建立与数据库之间的连接，且使用的是SQL Server 2005数据库，因此需用在项目中添加一个sqljdbc.jar包。如果使用其他的方式连接需要添加对应的jar包，并编写对应的代码加载驱动程序。

(3) 运行程序，可在控制台窗口看到输出结果如图13.4所示，打开数据库可以查看数据表中插入的数据。

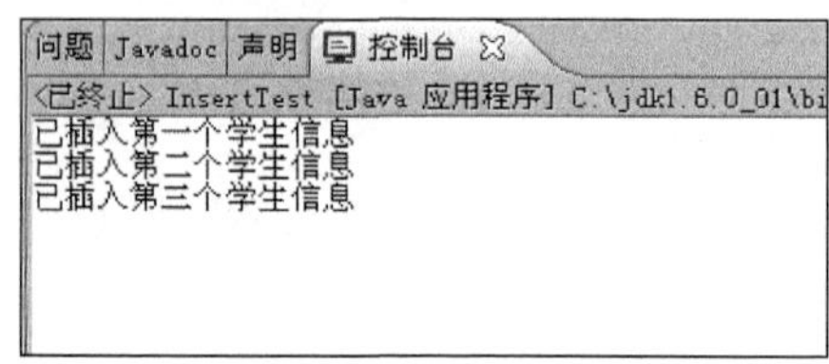

图13.4 数据插入程序运行输出结果

13.3 实验2 实现数据查询操作

【实验目的】

(1) 熟练使用JDBC API。

(2) 掌握JDBC实现数据查询操作。

【实验内容】

查询实验1中所使用的数据表student中的数据，并将查询结果输出到控制台窗口。

【实验步骤】

(1) 打开实验1中所创建的java项目DataAccess，在src源文件夹中的包test中新建java类QueryTest，代码如下：

【参考代码】

```
//QueryTest.java
package test;
import java.sql.*;
public class QueryTest {

public static void main(String[ ] args) {
    Connection conn = null;
        Statement stmt = null;
        ResultSet rs = null;
        try {//支持 SQL Server 2005
```

```
        Class.forName("com.microsoft.sqlserver.jdbc.SQLServerDriver");
        conn = DriverManager.getConnection("jdbc:sqlserver://localhost:1433;
            databaseName = StudentMangement", "sa", "sa123456");
        stmt = conn.createStatement();
            String sql = "select * from student";
            rs = stmt.executeQuery(sql);//执行 SELECT 语句,返回结果集
            while (rs.next( )) {            //循环输出每条记录的各个字段值
                System.out.print(rs.getString("stuid") + "\t");
                System.out.print(rs.getString("stuname") + "\t");
                System.out.print(rs.getString("stusex") + "\t");
                System.out.print(rs.getDate("stubirth") + "\t");
                System.out.print(rs.getString("stuadd") + "\n");
            }
        } catch (Exception e) {
            System.out.println("数据库操作失败");
            e.printStackTrace( );
        } finally {
            try {
                rs.close( );            //关闭 rs 结果集
                stmt.close( );          //关闭 stmt 对象
                conn.close( );          //关闭 conn 对象
            } catch (SQLException e) {
                System.out.println("关闭数据库资源发生异常");
                e.printStackTrace( );
            }
        }
    }
}
```

(2) 运行程序,可在控制台窗口看到输出结果如图 13.5 所示。

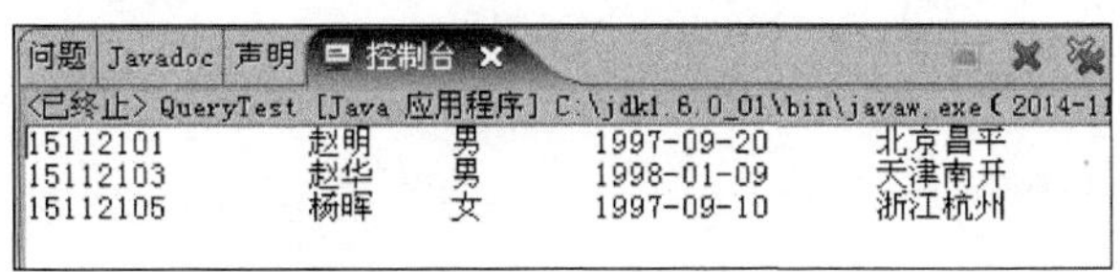

图 13.5 数据查询程序运行输出结果

13.4 实验 3 使用预编译方式实现数据更新操作

【实验目的】

(1) 理解预编译方式的优势。

(2) 掌握预编译执行 SQL 语句。

【实验内容】

使用预编译方式将 13.2 实验 1 中的数据表 student 中学号为 15112103 的学生的生源地改为“天津和平”,并通过查询查看更新结果,将更新后的 15112103 号学生的信息输出到

控制台。

【实验步骤】

(1) 打开实验 1 中所创建的 java 项目 DataAccess，在 src 源文件夹中的包 test 中新建 java 类 PrepareSQLTest，代码如下：

【参考代码】

```
package test;
import java.sql.*;
public class PrepareSQLTest {
private Connection conn = null;
    private PreparedStatement ps = null;   //声明 PreparedStatement 对象
    private ResultSet rs = null;

    public void openConn( ) {
        try {                              //支持 SQL Server 2005
        Class.forName("com.microsoft.sqlserver.jdbc.SQLServerDriver");
        conn = DriverManager.getConnection("jdbc:sqlserver://localhost:1433;
             databaseName=StudentMangement", "sa", "sa123456");
        } catch (Exception e) {
            e.printStackTrace( );
        }
    }
    public void closeConn( ) {
        try {
            if (rs != null) {
                rs.close( );
            }
            if (ps != null) {
                ps.close( );               //关闭 PreparedStatement 对象
            }
            if (conn != null) {
                conn.close( );
            }
        } catch (SQLException e) {
            e.printStackTrace( );
        }
    }
    public void queryByID(String stuid){
        openConn();
        try {
            String sql = "select * from student where stuid=?";//问号占位符
            ps = conn.prepareStatement(sql);      //创建 PreparedStatement 对象
            ps.setString(1, stuid);               //指定输入参数的值
            rs = ps.executeQuery( );              //执行 SQL 查询
            while (rs.next( )) {
                System.out.print(rs.getString("stuid") + "\t");
                    System.out.print(rs.getString("stuname") + "\t");
                    System.out.print(rs.getString("stusex") + "\t");
                System.out.print(rs.getDate("stubirth") + "\t");
                System.out.print(rs.getString("stuadd") + "\n");
```

```
            }
        } catch (Exception e) {
            e.printStackTrace( );
        } finally {
            closeConn( );
        }
    }
    public void updateByID(String stuid,String stuadd){
        openConn();
        try {
            //含占位符的 SQL 语句
            String sql  =  "update student set stuadd = ? where stuid = ?";
            ps  =  conn.prepareStatement(sql);        //创建 PreparedStatement 对象
            ps.setString(1,stuadd);                   //指定输入参数的值
            ps.setString(2, stuid);
            ps.executeUpdate();                       //执行 SQL 语句
        } catch (Exception e) {
            e.printStackTrace( );
        } finally {
            closeConn( );
        }
    }
    public static void main(String[ ] args) {
        PrepareSQLTest prepareSQL  =  new PrepareSQLTest( );
        prepareSQL.updateByID("15112103", "天津和平");
        prepareSQL.queryByID("15112103");
    }
}
```

(2) 运行程序后,可在控制台窗口看到输出结果如图 13.6 所示。

图 13.6 预编译更新查询结果

13.5 课外练习

1. 编制一个职工管理程序,职工信息存储在数据库表 emp 中,表中包含职工编号、姓名、性别、职称、工资 5 个字段,通过编写程序代码实现按姓名查询职工信息,添加新职工,将每个员工的工资加 500 等功能。

2. 编制一个图书管理程序,实现图书的增加、删除、修改和查询操作。图书信息包括 ISBN 号、书名、作者、出版社、出版日期和价格等信息。

第14章

CHAPTER 14

课程设计

14.1 设计目的

目前的上网必备工具之一就是下载软件，而现在的下载软件如迅雷、FlashGet 等，都是支持多线程下载操作的。利用多线程下载工具可以快速地从服务器上下载比较大的文件，它们的工作特性就是把服务器端需要下载的文件分成若干个小的部分，每一部分分开同时下载。

本课程设计将利用多线程技术、HTTP 通信及 Socket 通信，用于实现支持断点续传的基于 Java 的多线程下载工具的设计与实现。

14.2 知识梳理

1. Java 多线程技术

多线程机制允许在程序中并发执行多个指令流，每一个指令流都被称为一个线程，线程之间相互独立。

线程又被称为轻量级进程，它和进程一样拥有独立的执行控制，有操作系统负载调度，二者的区别在于线程没有独立的存储空间，而是和所属进程中的其他线程共享一个存储空间，这使得线程间的通信比进程简单。

多个线程的执行是并发的，也就是说在逻辑上"同时"，不管在物理上是否"同时"。如果系统是单 CPU，那么"同时"是不可能的，只是由于 CPU 运行速度非常快，用户感觉不到时间上的区别，因此只需假设各个线程是同时执行的即可。

Java 在 java.lang 包里提供了 Thread 类用来进行多线程编程。在基于 Java 的应用程序中可以通过以下两种方法来创建线程对象。

(1) 声明一个 Thread 类的子类，并重写 Thread 类中的 run()方法。示例如下：

```
class MyThread extends Thread {
    public void run() {
        //重写父类 run()方法的方法实现
```

```
    }
}
```

(2) 声明一个实现 Runnable 接口的类，并实现 run()方法。示例如下：

```
class MyThread implements Runnable {
    public void run() {
        //实现 run()方法的方法实现
}
}
```

上述两种方法都可以创建线程类对象，而 Thread 类中提供了大量的方法来控制线程的执行过程。要触发一个新线程，需要调用 start()方法。示例如下：

```
MyThread t = new MyThread();                    //创建线程对象
t.start();                                      //触发线程
```

在调用 start()方法时，将创建一个新的控制线程，新线程进入可运行状态，它将向线程调度器注册这个线程，然后将调用 run()方法。

每一个线程都是通过某个特定 Thread 对象所对应的 run()方法来完成其操作，run()方法中的代码就是定义执行线程所需要完成的功能，因此 run()方法被称为线程体。

Thread 类中定义的主要线程控制方法如表 14.1 所示。

表 14.1　Thread 类的主要方法

方　法	说　明
srart()	新建的线程进入可运行状态
run()	线程进入正在运行状态
wait()	线程进入等待状态，等待被唤醒
notify()/notifyAll()	唤醒其他线程
yield()	线程放弃执行，使其他优先级不低于此线程的线程有机会运行
getPriority()/setPriority()	获得/设置线程优先级
sleep()	线程按照指定的时间进入睡眠状态

2. I/O 流基础

为了进行数据的输入与输出操作，Java 将不同的输入与输出源抽象表示为流(Stream)。在 java.io 包中提供了很多的流类型来实现输入与输出功能。

按照流的方向划分，可以分为输入流和输出流。其中，输入流负责读取数据，不能写数据；而输出流负责写数据，而不能读取数据。

按照流所处理的数据类型划分，可以分为字节流和字符流。其中，字节流用于处理字节数据；而字符流用于处理 Unicode 字符数据。

按照流是否可以直接访问资源划分，可以分为节点流和处理流。其中，节点流可以从一个特定 I/O 设备读取数据，也可以向一个特定 I/O 设备写入数据，节点流也被称为低级流；而处理流用来实现对一个已存在的流的连接和封装，是通过所封装的流的功能来调用实现数据读写操作的，处理流也被称为高级流。

java.io包定义个支持两种类型的流：包括二进制数据的字符流和包括字符数据的字符流。在读/写数据时，这两种流将以不同的方式工作。

向字节流写入数据时，数据以字节序列的形式写入流，与它在内存中的形式一样，数据不发生任何的转换。二进制数值只能被写为字节序列，4个字节构成一个int型值，8个字节构成一个long型值等。Java在其内部将字符存储为16位的Unicode码字符，因此每个Unicode码字符可以写成2个字节的二进制流，先写高8位。

字符流用于存储和检索文本，而且可以使用它读取由非Java程序生成的文本文件。所有二进制数据在写向字符流之前必须转换为字符流能够接收的表达形式。该形式由原始二进制数据值转换成的字符组成。因此，从包含文本的字符流中读取数据比直接读取二进制数据涉及更多的工作。

由于下载的文件不一定是只包含字符的文本，因此使用字节流比较通用。

java.io包中提供的InputStream和OutputStream类及其子类均用来表示字节流，并提供了读/写二进制数据的相关方法。

InputStream类中提供了重载的3个read()方法，用来从数据流中读取二进制代码。如表14.2所示。

表14.2 InputStream类的read方法

方　法	说　明
read()	抽象方法，子类中定义。以int型返回流的下一个可读字节数据，如果到达流的末尾，则返回-1
read(byte[] buffer)	将流中的字节读取到数组的连续元素中，读出的字节数量最大为buffer.length的值。在读取网输入数据或检测到末尾时，退出。该方法返回读取字节个数，如果到达流末尾而没有读取任何字节则返回-1
read(byte[] buffer, int offset, int length)	将数据读入一个字节数组，从数组的offset指定位置开始存放，并用length来指定读取的最大字节数

InputStream类中其他方法如表14.3所示。

表14.3 InputStream类的其他方法

方　法	说　明
close()	关闭流
available()	返回可以从流中读取的字节数

OutputStream类中包含3个write()方法，用来向数据流写入二进制代码。与InputStream类中的read()方法相对应，如表14.4所示。

表14.4 OutputStream类的write方法

方　法	说　明
write(int c)	向数据流写入一个int型的字节数据c
write(byte[] buffer)	将流写入数组的连续元素中的字节数据
write(byte[] buffer, int offset, int length)	向流中写入一个字节数组的数据，从数组的offset指定位置开始，并用length来指定写入的最大字节数

下载器主要涉及两部分的Java流操作：一个是从打开的URL连接中获得网络的输入流，一个是向文件写入内容的输出流。示例如下：

```
private InputStream in;                              //网络下载文件输入流
private RandomAccessFile out;                        //下载文件输出流
HttpURLConnection http;                              //URL 连接对象

try {
    URL url = new URL(m_task.getURL());              //获取下载任务 URL
    http = (HttpURLConnection)url.openConnection();//建立 URL 连接
    in = http.getInputStream();                      //获得 URL 连接的网络输入流
    out = new RandomAccessFile("D:\download","rw");//构造向文件写入的随机输出流
} catch(IOException e) {
    System.out.println(e.getMessage());
}
//向文件写入数据操作
out.close();                                         //关闭输出流
in.close();                                          //关闭输入流
http.disconnect();                                   //关闭 URL 连接
```

3. 断点续传

最原始的下载功能仅仅是个“下载过程”，即从Web服务器上连续地读取文件。其最大的问题是，由于网络的不稳定性，一旦连接断开使得下载过程中断，就不得不全部从头再来一次。随后，“断点续传”的概念就出来了，顾名思义，就是如果下载中断，在重新建立连接后，跳过已经下载的部分，而只下载还没有下载的部分。也就是说断点续传指的就是在下载或上传时，将下载或上传任务(一个文件)人为地划分为几个部分，每一个部分采用一个线程上传或下载，如果碰到网络故障或人为因素导致程序终止后，下次还可以从已经上传或下载的部分开始继续上传下载未上传下载的部分，而没有必要从头开始。多线程下载的基础是Web服务器支持远程的随机读取，也即支持“断点续传”。这样，在下载时可以把文件分成若干部分，每一部分创建一个下载线程进行下载。

其中断点续传的核心技术是Java对象的序列化和反序列化。当两个进程在进行远程通信时，彼此可以发送各种类型的数据。无论是何种类型的数据，都会以二进制序列的形式在网络上传送。发送方需要把这个Java对象转换为字节序列，才能在网络上传送；接收方则需要把字节序列再恢复为Java对象。把Java对象转换为字节序列的过程称为对象的序列化。把字节序列恢复为Java对象的过程称为对象的反序列化。

对象的序列化主要有两种用途：

(1) 把对象的字节序列永久地保存到硬盘上，通常存放在一个文件中；

(2) 在网络上传送对象的字节序列。

在java.io包中提供了ObjectOutputStream类和ObjectInputStream类。其中Object-OutputStream类代表对象输出流，它的writeObject(Object obj)方法可对参数指定的obj对象进行序列化，把得到的字节序列写到一个目标输出流中。而ObjectInputStream类代表对象输入流，它的readObject()方法从一个源输入流中读取字节序列，再把它们反序列化为一个对象，并将其返回。

只有实现了 Serializable 和 Externalizable 接口的类的对象才能被序列化。Externalizable 接口继承自 Serializable 接口，实现 Externalizable 接口的类完全由自身来控制序列化的行为，而仅实现 Serializable 接口的类可以采用默认的序列化方式。

对象序列化包括如下步骤：

(1) 创建一个对象输出流，它可以包装一个其他类型的目标输出流，如文件输出流；

(2) 通过对象输出流的 writeObject()方法写对象。

对象反序列化的步骤如下：

(1) 创建一个对象输入流，它可以包装一个其他类型的源输入流，如文件输入流；

(2) 通过对象输入流的 readObject()方法读取对象。

具体示例如下所示：

```
import java.io.*;
/**
 * 定义用于序列化的学生类
 */
public class Student implements Serializable {
    private String sid;                                  //学号
    private String sname;                                //姓名

    public Student() {
        super();
    }

    public Student(String sid, String sname) {
        super();
        this.sid = sid;
        this.sname = sname;
    }

    public String getSid() {
        return sid;
    }

    public void setSid(String sid) {
        this.sid = sid;
    }
    public String getSname() {
        return sname;
    }
    public void setSname(String sname) {
        this.sname = sname;
    }
    //输出对象时的输出格式
    public String toString() {
        return this.sid + "\t" + this.sname + "\t" + this.sbirthday + "\t" + this.
sdepartment;
    }
}
```

测试类代码：

```
import java.io.*;

/**
 * 定义序列化与反序列化示例类
 */
public class TestSer {
    public static void main(String[ ] args) throws IOException,ClassNotFoundException {
        Student stu = new Student("001","张三");   //序列化对象
        //序列化
        ObjectOutputStream out = new ObjectOutputStream(
            new FileOutputStream("d:/java/stu.tmp"));
        out.writeObject(stu);
        out.close();
        //反序列化
        ObjectInputStream in = new ObjectInputStream(
            new FileInputStream("d:/java/stu.tmp"));
        Object obj = in.readObject();
        System.out.println((Student)obj);
        in.close();
    }
}
```

ObjectOutputStream 只能对实现 Serializable 接口的类的对象进行序列化。默认情况下，ObjectOutputStream 按照默认方式序列化，这种序列化方式仅仅对对象的非 transient 的实例变量进行序列化，而不会序列化对象的 transient 的实例变量，也不会序列化静态变量。

当 ObjectOutputStream 按照默认方式反序列化时，具有如下特点：

(1) 如果在内存中对象所属的类还没有被加载，那么会先加载并初始化这个类。如果在 classpath 中不存在相应的类文件，那么会抛出 ClassNotFoundException；

(2) 在反序列化时不会调用类的任何构造方法。

在应用时，有些信息是不需要序列化保存的，为了能够有效控制序列化信息，可以对某些成员变量设置 transient 类型，将节省空间和时间，提高序列化的性能。

14.3 需求分析

随着 Internet 的发展，进入信息时代后快速获得网络共享资源成为很简单的事情，人们对互联网也有了很大的依赖性。人们甚至希望只轻松点击鼠标就可以得到自己想要的东西。比如，针对一些专业的论坛提供了很多相关资料以方便人们阅读或了解；还有更多的人希望能通过下载得到好听的音乐、好看的图片、喜欢的电影等。也可以看出人们在上网时再也不单是打开浏览器来浏览网页，而是使用下载软件来获取资源。同时人们也更希望使用更新更快的下载软件。

由于用户下载需求的增大，也要求下载软件能够迅速完成对资源的下载。多线程程序设计可以很好地解决程序并发的问题。在下载软件中应用多线程技术可以理解为将一个下

载任务分成若干份来完成,其中的并发控制将使下载的效率大大提高。

由于下载资源是一个过程,当中用到的时间可能会很长。那么在很长的这段时间中很有可能会出现很多的意外情况使下载中断或是停止,比如电源意外被切断、网络中断或是操作系统故障导致系统重新启动。这些原因都会导致下载的中断,但是当用户重新下载资源时发现原来下载的数据已经消失需要重新下载。断点续传就是用来解决这样的问题的,它的任务是在下载任务停止时,记录当前下载的信息并且利用网络协议中的一些重定向机制继续完成下载任务而不必从头再来。

开发基于 Java 的多线程下载工具的目的就是要实现基于 HTTP 的、支持断点续传的、具有多任务下载能力的多线程系统。需求整理如表 14.5 所示。

表 14.5 用户需求分析表

序号	需求名称	功能描述
1	多线程	一个下载任务同时由多个线程同时下载
2	支持 HTTP 协议	能够下载 HTTP 类型的资源数据
3	断点续传	当断电或者暂停下载任务后,下次能够继续下载
4	图形界面	输入 URL,保存地址和文件名,线程数等

可以发现所需功能为:

(1) 新建任务——显示新建任务窗口,根据用户指定 HttpUR、文件路径、文件名、下载线程数等将任务添加到当前任务列表中。

(2) 暂停/开始任务——当前任务状态如果为正在下载,终止指定任务的各个线程,并将任务状态设置为暂停;如果当前任务状态为暂停,就重新开启线程并设置任务状态为下载中。

(3) 重新开始任务——删除全部当前临时文件,重新初始化任务。

(4) 停止任务——停止当前所有下载线程,设置任务状态为停止。

(5) 断点续传——在程序结束时暂停所有任务,并将任务序列化写入文件中,在程序重新开始时加载任务信息,从而实现断点续传。

根据上面的需求内容,可以将系统分为以下几方面来设计并实现:

(1) 主界面——提供下载用户界面,界面应包含菜单栏、下载任务列表、功能按钮三部分。

(2) 菜单栏——提供相关功能的菜单,本设计中主要包括文件及帮助菜单。

(3) 下载任务列表——主要进行相关下载任务的管理。列表中应包括每一个下载任务的详细信息,包括文件名、文件大小、状态、下载速度、已下载时间等。

(4) 功能按钮——提供下载任务的功能选择,包括新建并开始下载任务、暂停下载任务、继续下载任务、重新下载任务、删除下载任务。

(5) 新建任务——提供下载任务相关内容的输入界面,主要包括下载任务的 URL、保存路径、保存文件名及下载线程数设置等。

在下载任务的过程中,各部分需要协作完成,因此需要考虑具体实现过程中设计负责协调调度的线程操作。

14.4 设计与具体实现

为了实现多线程下载工具，首先应建立一个项目 downloader，在该项目里创建四个包 downloader、downloader. object、downloader. ui 和 downloader. tasklist。

1. downloader. object 包

downloader. object 包主要定义下载工具中用到的对象，包括下载线程 DownloadThread. java、用于任务序列化与反序列化的 DownloadeInfo. java 和下载任务 Task. java。

对于要下载的任务，对应一个 Task 对象，应该在下载之前知道下载任务对应的 URL 地址，也就是说要知道从哪里下载文件；其次要知道下载任务对应的文件大小，以字节数来衡量；然后需要知道下载任务要使用几个线程来完成，这样才能根据文件总的大小来计算每一个线程需要完成的那一部分下载大小；同时要知道下载用时，这样可以计算得到下载的速度；最后需要知道下载完的文件存放目录和文件名称。为了实现断点续传功能，在下载中还需要知道上次文件下载长度和当前文件已下载的长度。

也就是说，下载某个资源，可以将这个资源抽象成一个具体的对象，该对象有许多的状态(下载中、暂停、下载完成等)，那么需要为这些状态创建相应的对象。由于需要实现的是一个多线程下载工具，因此一个资源将会被分为多个块进行下载，每一个块由一个线程完成。

1) 下载线程类 DownloadThread. java

在 downloader. object 包中创建 DownloadThread. java，该类根据任务划分下载数据起始位置和终止位置。

```
public class DownloadThread implements Runnable , Serializable{
    private int begin = 0 ;                          //下载起始位置
    private int end = 0 ;                            //下载结束位置
    private int size = 0 ;                           //下载大小
    private int threadID = 0 ;                       //线程号
    private String filePath;                         //文件路径
    private int currentPosition = 0 ;                //当前位置
    private URL url;                                 //下载 URL
    private final int BUFFER_SIZE = 1024 * 8;        //缓冲大小
    private boolean isFinished = false;              //是否已完成
    private boolean isPaused = false;                //是否暂停
    private Task task;                               //当前下载线程所属任务

    /**
     * 构造方法
     */
    public DownloadThread(Task task, int begin, int end, int id) {
        super();
        this.task = task;
        this.url = this.task.getURL();
        this.begin = begin;
```

```
        this.end = end;
        this.size = end - begin;
        this.isFinished = false;
        this.isPaused = false;
        this.currentPosition = 0;
        this.threadID = id;
        //当前下载线程下载内容保存至filePath,文件类型为.tmp临时文件
        this.filePath = task.getFilePath() + "\\" + UUID.randomUUID().toString() + ".tmp";
    }

    /**
     * 开始下载
     */
    public void startDownload(){
        Thread t = new Thread(this);
        t.start();
    }
    ...
}
```

下载线程类 DownloadThread 作用就是下载指定文件的部分内容，并将其保存至一个临时文件里，因此下载具体操作如下：

```
/**
 * 下载线程体,调用download()方法
 */
public void run() {
    if (!isFinished) {
        RandomAccessFile file = null;
        try {
            file = new RandomAccessFile(this.filePath, "rwd");
        } catch (FileNotFoundException e) {
            e.printStackTrace();
        }
        try {
            HttpURLConnection conn =
                    (HttpURLConnection) url.openConnection();        //打开URL连接
            conn.setRequestProperty("Range", "bytes=" + begin + "-" + end);
            conn.connect();
            BufferedInputStream bis =
                    new BufferedInputStream(conn.getInputStream()); //获取输入流
            byte[ ] buff = new byte[BUFFER_SIZE];
            file.seek(currentPosition);            //查找file文件当前位置
            int length = 0;
            while (!isFinished&& !isPaused && (length = bis.read(buff)) > 0
                && begin < end) {
                file.write(buff, 0, length);      //将读取回来的数据写入文件file
                this.currentPosition += length; //设置当前写入位置
                this.begin += length;             //设置下载起始位置
            }
        /**
```

```
             * 下载完成进行文件合并
             */
                if (begin >= end) {               //下载起始位置大于结束位置,表示下载完成
                    file.close();
                    isFinished = true;
                    if (task.isReadyToMerge())
                        task.merge();             //任务文件合并
                }
            } catch (IOException e) {
                e.printStackTrace();
            }
        }
    }
```

2) 下载任务类 Task.java

在 downloader.object 包中创建 Task.java,该类提供下载任务的相关信息和操作。其中,每一个下载任务的信息都应包括下载的 URL、文件名、文件大小、保存路径、下载使用线程数等。而任务操作包括开始下载、暂停、继续、重新开始、停止及多线程划分等。

为了实现任务下载用时的记录,需要 Task.java 实现线程操作。同时,任务可以暂停并继续,说明 Task.java 要实现序列化与反序列化,即该类应实现 Serializable 接口。

具体代码如下:

```
public class Task implements Runnable ,Serializable{
    private URL url;                                      //下载任务的 URL
    private String fileName;                              //文件名
    private String filePath;                              //文件路径
    private int fileSize = 0 ;                            //文件大小
    private int threadCount = 0 ;                         //下载线程数
    private ArrayList<DownloadThread> threads;            //一个下载任务的多线程列表
    private int downloadStatus;                           //下载状态
    private int timeUsed = 0 ;                            //下载用时
    private boolean timerRunning = false;                 //是否下载中

    private final int BUFFER_SIZE = 1024;                 //缓冲大小
    public final static int PREPARING = 10;               //常量,表示准备中
    public final static int DOWNLOADING = 11;             //常量,表示下载中
    public final static int PAUSED = 12;                  //常量,表示暂停
    public final static int MERGING = 13;                 //常量,表示合并中
    public final static int FINISHED = 14;                //常量,表示完成
    public final static int STOPPED = 15;                 //常量,表示停止
    //构造方法
     public Task (String url, String fileName, String filePath, int threadCount) throws
IOException {
            Thread timer = new Thread(this);
            timer.start();                                //启动线程
            this.downloadStatus = Task.PREPARING;         //下载状态设置为准备中
            this.url = new URL(url);
            this.fileName = fileName;
            this.filePath = filePath;
```

```
            this.threadCount = threadCount;
            HttpURLConnection conn;
            conn = (HttpURLConnection) this.url.openConnection();//打开连接
            this.fileSize = conn.getContentLength();             //获取下载文件大小
            this.threads = new ArrayList<DownloadThread>();
                                                                 //初始化当前任务多线程列表
    }
    ...
}
```

上面的代码段实现任务的初始化操作，想要完成任务的相关操作，还应在 Task.java 类中提供相应的方法来完成对应的操作。比如，开始下载任务的方法 beginDownload()，代码如下：

```
/**
 * 提供开始下载的功能
 */
public void beginDownload() {
    this.setThreads();                                  //设置相关线程
    this.downloadStatus = Task.DOWNLOADING;             //下载状态设置为下载中
}

/**
 * 提供一个任务的多个线程
 */
private void setThreads() {
    int blockLength = this.fileSize / this.threadCount; //设置每一个线程下载文件大小
    int i;
    //创建下载线程,设置线程下载文件起始位置和结束位置,并添加到线程列表中
    for (i = 1; i < this.threadCount; i++)
        threads.add(new DownloadThread(this, blockLength * (i - 1),blockLength * i - 1, i));
    threads.add(new DownloadThread(this, blockLength * (i - 1), this.fileSize - 1,i));
                                                        //开始任务所有的下载线程
    for (DownloadThread t : threads) {
        t.startDownload();
    }

}
```

除了上述方法之外，还有提供继续任务 resumeDownload()、暂停任务 pause()等操作方法，代码如下：

```
/**
* 继续任务
*/
public void resumeDownload(){
    //开始每一个下载线程
    for(DownloadThread t:threads){
        t.startDownload();
    }
}
```

```
/**
 * 如果没有暂停就暂停任务,如果已暂停就继续下载
 */
public void pause() {
    if(this.downloadStatus  ==  Task.PAUSED){
        for (DownloadThread t : threads) {
            t.setPause(false);
        }
        this.resumeDownload();
        if(!this.timerRunning){
            new Thread(this).start();                   //开始下载
        }
        this.downloadStatus = Task.DOWNLOADING;         //设置状态为下载中
    } else if(this.downloadStatus == Task.DOWNLOADING){
        for (DownloadThread t : threads) {
            t.setPause(true);
        }
        this.downloadStatus = Task.PAUSED;              //设置状态为暂停
    }
}
/**
 * 停止下载
 */
public void stop(){
    if(this.downloadStatus!= Task.PAUSED)
        this.pause();
    this.downloadStatus = Task.STOPPED;
}

/**
 * 重新开始下载任务
 */
public void restart() {
    this.stop();                        //停止当前下载
    this.clearData();                   //清除已下载数据,该方法请自行设计完成
    this.timeUsed = 0;
    this.beginDownload();               //开始下载
}
```

对于多线程下载,每一个线程下载的只是一个文件的一部分,因此当所有线程下载完成时应将各个部分的数据合并到一个完整的文件中,并将文件名定义为下载前设置的名字,放置在指定的文件路径中。提供合并操作的 merge()方法代码如下:

```
/**
 * 合并多线程下载内容到一个文件中,并放置在指定路径中
 */
public void merge() {
    if (this.threadCount  ==  1) {                  //单线程下载,直接重命名后放置指定路径中
        File f  =  new File(threads.get(0).getFilePath());
        f.renameTo(new File(this.filePath + "\\" + this.fileName));
    } else {                                        //多线程下载进行文件合并
```

```
            RandomAccessFile file = null;
            try {
                //在文件路径下创建最终文件 file
                file = new RandomAccessFile(filePath + "\\" + this.fileName, "rwd");
            } catch (FileNotFoundException e1) {
                e1.printStackTrace();
            }
            this.downloadStatus = Task.MERGING;    //设置状态为合并中
            int currentPos = 0;                    //合并起始点,从 0 开始
            for (DownloadThread t : threads) {
                try {
                    File f = new File(t.getFilePath());  //获取当前线程下载文件
                    FileInputStream fis = new FileInputStream(f);
                    byte[ ] buff = new byte[BUFFER_SIZE];
                    int length;
                    file.seek(currentPos);               //file 文件从 currentPos 开始写入
                    while ((length = fis.read(buff)) != -1) {
                        file.write(buff, 0, length);     //将当前线程文件读取数据写入 file
                        currentPos += length;
                    }
                    fis.close();                         //关闭输入流
                    file.close();                        //关闭文件 file
                } catch (FileNotFoundException e) {
                    e.printStackTrace();
                } catch (IOException e) {
                    e.printStackTrace();
                }
            }
            for (DownloadThread t : threads) {
                    File f = new File(t.getFilePath());
                    f.delete();                  //合并完成,删除每一个下载线程
            }
        }
        this.downloadStatus = Task.FINISHED;  //合并完成,设置状态为已完成
    }
    /**
    * 当所有下载线程都下载完毕,返回 true 表示可以开始合并文件
    * 否则返回 false
    */
    public boolean isReadyToMerge() {
        //自行设计并实现
    }
```

下载过程中要统计已下载文件大小,也就是应把每一个下载线程的已下载大小进行统计。getFinishedSize()代码如下:

```
    /**
     * 获取已下载文件大小
     */
    public int getFinishedSize() {
        int finishedSize = 0;
```

```
    for (DownloadThread t : threads) {
        finishedSize += t.getCurrentPos();
    }
    return finishedSize;
}
```

任务在下载过程中，利用多线程完成划分部分的文件数据，同时在整个下载过程中需要统计下载所用时间，这需要把任务看成一个计时器，利用自身线程完成计时操作，因此在线程体 run()中应定义时间的计算。代码如下：

```
/**
 * 下载中及合并时计算所用时间
 */
public void run() {
    this.timerRunning = true;          //计时中
    while (true) {
        //如果任务已完成或已停止，计时停止
        if(this.downloadStatus == Task.FINISHED
                ||this.downloadStatus == Task.STOPPED)
            break;
        //如果状态不是暂停，则所用时间 + 1
        if(this.downloadStatus!= Task.PAUSED){
            try {
                Thread.sleep(1000);
            } catch (InterruptedException e) {
                JOptionPane.showMessageDialog(null,
                        "Timer Error" + e.getMessage());
            }
            timeUsed++;
        }
    }
    this.timerRunning = false;         //计时停止
}
```

2. downloader.tasklist 包

downloader.tasklist 包主要是实现任务列表的相关类，包括任务列表中每一个任务行的 TaskRow.java、下载状态进度条 DownloadeProgressBar.java 和整个任务列表的 TaskList.java。

1) 任务行类 TaskRow.java

TaskRow.java 完成任务列表中每一个任务对应任务列表行的显示任务，因此 TaskRow 应和一个具体的 Task 相关联。而每一个任务包含要显示的文件名、文件大小、状态、速度、已用时间和剩余时间，因此可以用 Vector 结构来保存一个任务对应的多项信息内容。

TaskRow.java 代码如下：

```
public class TaskRow extends Vector<Object>{
    private Task task;                              //当前显示的任务
```

```
    private String timeUsed;                              //下载任务已用时
    private int lastSize;                                 //剩余文件大小
    private int finishedSize;                             //已下载文件大小
    private String speed;                                 //下载速度
    private String timeRemaining;                         //剩余时间
    private DecimalFormat df;                             //格式化对象

    /**
     * 构造方法
     */
    public TaskRow(Task t){
        super();
        task = t;                                         //设置显示的任务
        //设置状态显示进度条
        df = new DecimalFormat();
        df.setMaximumFractionDigits(2);
        this.add(" " + t.getFileName());                  //在 Vector 结构中添加文件名
        this.add(df.format((double)t.getFileSize()/(1024 * 1024.0)) + " MB");
                                                          //添加文件大小
        this.add(t);                                      //添加任务
        this.add(new String("0 K/s"));                    //添加速度
        this.add(new String("0 s"));                      //添加已用时
        this.add(new String(" "));                        //添加剩余时间
        lastSize = finishedSize = t.getFinishedSize();    //目前已下载文件大小
        updateData();                                     //更新数据
    }

    /**
     * 根据任务 task 当前状态更新相关显示数据
     */
    public void updateData(){
        speed = (String) this.get(3);                     //当前行第 3 列
        timeUsed = (String) this.get(4);
        timeRemaining = (String) this.get(5);
        finishedSize = task.getFinishedSize();
        double speedInt = (finishedSize - lastSize)/
1024.0/(TaskList.UPDATE_INTERVAL/1000.0);                 //计算下载速度
        speed = df.format(speedInt) + " K/s";
        lastSize = finishedSize;
        timeUsed = task.getTimeUsed() + " s";             //设置时间格式
        if(speedInt!= 0)
            timeRemaining = df.format(
(task.getFileSize() - task.getFinishedSize())/1024/speedInt) + " s";
        else timeRemaining = "∞";                         //设置剩余时间
        this.setElementAt(speed, 3);
        this.setElementAt(timeUsed, 4);
        this.setElementAt(timeRemaining, 5);
    }
}
```

2）下载状态进度条类 DownloadeProgressBar.java

DownloadeProgressBar.java 专门用于设置状态进度条，实现图形显示下载状态。进度条可以通过继承 java.swing 包中的 JProgressBar 类实现，以可视化形式显示某些任务进度的组件。在任务的完成进度中，进度条显示该任务完成的百分比。此百分比通常由一个矩形以可视化形式表示，该矩形开始是空的，随着任务的完成逐渐被填充。此外，进度条可显示此百分比的文本表示形式。同时为了把进度条可以在列表单元格中显示，要求 DownloadeProgressBar 类实现来自于 java.swing.table 包中的 TableCellRenderer 接口，此接口定义了要成为 JTable 中单元格渲染器的任意对象所需的方法。

具体代码如下：

```
public class DownloadProgressBar extends JProgressBar implements TableCellRenderer {
    public DownloadProgressBar(){
        super(0,100);
        this.setStringPainted(true);
    }
    //实现 TableCellRenderer 接口中的 getTableCellRendererComponent 方法
    public Component getTableCellRendererComponent(JTable table, Object value,
            boolean isSelected, boolean hasFocus, int row, int column) {
        Task task = (Task)value;
        this.setValue(task.getFinishedSize() * 100/ task.getFileSize());//已完成任务比例
        int state = task.getCurrentStatus();
        switch (state) {
            //下载中状态进度条显示下载完成百分比
            case Task.DOWNLOADING:
                this.setForeground(new Color(0,191,255));
                this.setString(this.getValue() + "%");
                break;
            //下载完成状态进度条显示文本"完成"
            case Task.FINISHED:
                this.setString("完成");
                this.setForeground(new Color(0,127,127));
                break;
            //合并中状态进度条显示文本"合并"
            case Task.MERGING:
                this.setString("合并");
                this.setForeground(new Color(186,85,211));
                break;
            //任务暂停显示文本"暂停"
            case Task.PAUSED:
                this.setForeground(new Color(255,69,0));
                this.setString("暂停");
                break;
            //任务准备开始显示文本"准备中"
            case Task.PREPARING:
                this.setForeground(new Color(0,245,255));
                this.setString("准备中");
                break;
            //任务停止显示文本"停止"
```

```
                case Task.STOPPED:
                    this.setForeground(Color.red);
                    this.setString("停止");
                default:
                    this.setForeground(Color.blue);
                    this.setString(this.getValue() + "%");
                    break;
            }
            return this;
        }
    }
```

3）下载任务列表类 TaskList.java

TaskList.java 用于定义显示在下载工具主界面中所有任务的列表类。该类中包含下载的多个任务，列表每一行显示一个任务，用 TaskRow 实现。为了使所有任务使用表格形式组织，因此要求 TaskList 继承 java.swing 包中的 JTable 类，同时维护整个表格数据的更新，应实现 Runnable 接口以控制线程操作。

构造 JTable 对象，需要设置一个表格式数据模型，可以通过 java.swing.table 包中的 DefaultTableModel 类实现，它使用一个 Vector 来存储单元格的值对象，该 Vector 由多个 Vector 组成，这也是为什么 TaskRow 继承 Vector 的理由。

代码如下：

```
public class TaskList extends JTable implements Runnable {
    private DefaultTableModel model;                    //数据模型
    private Thread runner;                              //线程对象
    public final static int UPDATE_INTERVAL = 1000;     //常量更新时间 1s
    //构造方法,显示在主界面 MainFrame 中
    public TaskList(MainFrame main) {
        super();
        model = new DefaultTableModel(){
            public boolean isCellEditable(int row, int column) {
                    return false;
                }
        };
        model.setColumnIdentifiers(new Object[ ] { "文件名", "文件大小", "状态",
                "速度", "已用时", "剩余时间" });        //设置列表列标题
        model.setRowCount(0);
        this.setModel(model);                           //设置列表数据模型
        this.setAutoCreateRowSorter(true);
        this.setSelectionMode(ListSelectionModel.SINGLE_INTERVAL_SELECTION);
        this.setShowGrid(false);
        this.setAutoscrolls(true);
        this.getTableHeader().setReorderingAllowed(false);
        this.setBorder(BorderFactory.createEtchedBorder(EtchedBorder.LOWERED));
        runner = new Thread(this);
        runner.start();                                 //启动线程
    }

    // 添加任务
```

```
    public void addTask(Task t) {
        //每一个任务先生成 TaskRow 对象,再添加至列表中
        model.addRow(new TaskRow(t));
        //设置列表第 3 列为状态进度条
this.getColumnModel().getColumn(2).setCellRenderer(new DownloadProgressBar());
    }
    //线程体,每隔 1s 更新所有任务的相关数据
    public void run() {

        while (true) {
            try {
                Thread.sleep(UPDATE_INTERVAL);
            } catch (InterruptedException e) {
                e.printStackTrace();
            }
            for (int i = 0; i < model.getRowCount(); i++) {
                TaskRow row = (TaskRow) model.getDataVector().elementAt(i);
                row.updateData();
            }
            this.repaint();                              //重绘列表
        }
    }
}
```

4) 下载任务序列化与反序列化类 DownloadeInfo.java

在包 downloader.object 包中创建 DownloadeInfo.java，该类提供了静态方法 saveTaskInfo()和 loadTaskInfo()方法。其中 saveTaskInfo()用来将当前任务列表中的 Task 对象序列化，并保存至临时文件 tasks.tmp 中。而 loadTaskInfo()方法则是从 tasks.tmp 中反序列化读入 Task 对象，并添加到 TaskList 中。

代码如下：

```
public class DownloadInfo {
    /**
     * 序列化 TaskList 保存至 tasks.tmp 文件中
     */
    public static int saveTasksInfo(TaskList taskList){
        FileOutputStream fos = null;
        ObjectOutputStream oos = null;
        try {
            fos = new FileOutputStream("tasks.tmp");
            oos = new ObjectOutputStream(fos);
            DefaultTableModel model = (DefaultTableModel) taskList.getModel();
            //序列化 TaskList 中每一行的 Task
            for (int i = 0; i < model.getRowCount(); i++) {
                TaskRow row = (TaskRow)  model.getDataVector().elementAt(i);
                Task t   = row.getTask();
                if(t.getCurrentStatus() == Task.DOWNLOADING) t.pause();
                if(t.getCurrentStatus() == Task.PREPARING) return t.getCurrentStatus();
                oos.writeObject(t);
            }
```

```
        } catch (IOException e) {
            e.printStackTrace();
        }finally{
            try {
                if(oos!= null)oos.close();
                if(fos!= null)fos.close();
            } catch (IOException e) {
                e.printStackTrace();
            }
        }
        return 0 ;
    }

    /**
     * 反序列化每一个 Task 显示到 TaskList 中
     */
    public static void loadTaskInfo(TaskList taskList){
        //自行设计并实现
    }
}
```

3. downloader.ui 包

downloader.ui 包主要是实现下载工具界面的相关类。用来实现菜单栏的 MenuBar.java、实现功能按钮栏的 ButtonBar.java、实现新建任务窗口的 NewTaskFrame.java 和主界面 MainFrame.java。

1）下载工具主界面类 MainFrame.java

在 downloader.ui 包中创建 MainFrame.java，该类实现下载工具的用户界面。下载工具的主界面主要包括菜单栏、功能按钮、下载列表三部分。下载工具主界面的最终效果如图 14.1 所示。

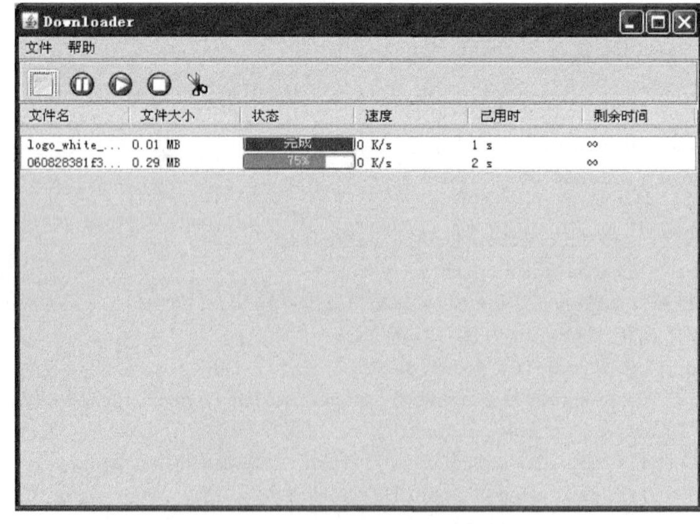

图 14.1 下载工具主界面类

MainFrame.java 的代码如下：

```
public class MainFrame extends JFrame implements WindowListener{
    private MenuBar menu;                                   //菜单栏
    private ButtonBar buttonBar;                            //功能按钮栏
    private TaskList taskList;                              //下载任务列表
    private NewTaskFrame newTaskFrame;                      //新建下载任务窗体
    int closingFlag;                                        //是否关闭标志
    //构造方法
    public MainFrame(){
        super("多线程下载器");                               //设置标题栏
        this.setDefaultCloseOperation(JFrame.DO_NOTHING_ON_CLOSE);
        menu = new MenuBar(this);
        this.setJMenuBar(menu);
        buttonBar = new ButtonBar(this);
        taskList = new TaskList(this);
        newTaskFrame = new NewTaskFrame(this);
        Container mainPane = this.getContentPane();
        mainPane.setLayout(new BorderLayout());             //使用 BorderLayout 布局管理器
        JPanel centerPane = new JPanel();                   //创建中间面板 centerPane
        centerPane.setLayout(new BorderLayout());
        //功能按钮栏放置 centerPane 的北面
        centerPane.add(buttonBar,BorderLayout.NORTH);
        //下载任务列表放置 centerPane 的中间
        centerPane.add(new JScrollPane(taskList),BorderLayout.CENTER);
        // centerPane 放置在 mainPane 的中间
        mainPane.add(centerPane,BorderLayout.CENTER);
        this.addWindowListener(this);
        this.setSize(600,450);                              //设置窗口大小
        this.setVisible(true);
    }
    ...
}
```

在 MainFrame 中，当关闭窗口时，应该把所有 TaskList 中的每一个 Task 序列化，这样当下次启动程序时可以继续下载；同样当启动程序时将所有任务反序列化并继续下载。为了完成上述要求，应在 MainFrame 中添加相应的窗口事件响应。

```
/**
 * 打开窗口时对所有下载任务反序列化
 */
public void windowOpened(WindowEvent e) {
    DownloadInfo.loadTaskInfo(taskList);
    //重新加载每一个 Task
    for(int i = 0 ;i< taskList.getRowCount();i++){
        Task t= (Task) getTaskList().getValueAt(i, 2);
        switch (t.getCurrentStatus()){
            case Task.PAUSED:
                t.resumeDownload();
                break;
            case Task.MERGING:
```

```
                t.merge();
                break;
            }
        }
    }
/**
 * 关闭窗口时对所有下载任务序列化,暂停或合并文件
 */
public void windowClosing(WindowEvent e) {
    this.closingFlag = DownloadInfo.saveTasksInfo(taskList);
    if(this.closingFlag == 0){
        this.dispose();
        System.exit(0);
    }
}
```

而在 MainFrame 中用到 MenuBar 类和 ButtonBar 类,因此还需要设计这两个类。

2) 菜单栏类 MenuBar.java

在 downloader.ui 包中创建 MenuBar.java。

从下载工具主界面可以看出提供了菜单栏,该菜单栏提供使用下载工具的菜单,包括文件及帮助这两个菜单。其中文件菜单包含新建、暂停/开始、重新下载、删除及退出这 6 个菜单项;帮助菜单提供帮助信息。

实现菜单栏会使用 java.swing 包中的 JMenuBar 类,每一个菜单栏可以包含若干个菜单,菜单通过 JMenu 类实现,而每一个菜单由若干个菜单项构成,菜单项由 JMenuItem 类实现。每一个菜单或菜单项都可以触发事件,通过添加事件监听器完成。

下面是其中两个菜单的实现代码,其他请自行设计并实现。

```
public class MenuBar extends JMenuBar
    private JMenu file                          //文件菜单
    private JMenu help;                         //帮助菜单
    private JMenuItem newTask;                  //新建任务菜单项
    private JMenuItem exit;                     //退出菜单项
    private JMenuItem downloaderHelp;           // downloaderHelp 帮助菜单项
    private JMenuItem about;                    //abort 帮助菜单项
    private MainFrame main;                     //下载工具主界面
    ...//其他菜单自行设计实现
    //菜单栏构造方法
    public MenuBar(MainFrame main){
        super();
        this.main = main;                       //设置菜单栏显示在主界面 main 中
        file= new JMenu("文件");
        newTask = new JMenuItem("新建任务");
        //为新建任务添加事件响应
        newTask.addActionListener((new java.awt.event.ActionListener() {
            public void actionPerformed(java.awt.event.ActionEvent e) {
                //自行设计完成
            }
        });
```

```
        exit = new JMenuItem("退出");
//为退出添加事件响应
        exit.addActionListener((new java.awt.event.ActionListener() {
            public void actionPerformed(java.awt.event.ActionEvent e) {
                //自行设计完成
            }
        });
        file.add(newTask);
        file.add(exit);
        help = new JMenu("帮助");
        downloaderHelp = new JMenuItem("Downloader 帮助");
        //为帮助信息添加事件响应
        downloaderHelp.addActionListener((new java.awt.event.ActionListener() {
            public void actionPerformed(java.awt.event.ActionEvent e) {
                //自行设计完成
            }
        });
        about = new JMenuItem("关于 Downloader");
        about.addActionListener((new java.awt.event.ActionListener() {
            public void actionPerformed(java.awt.event.ActionEvent e) {
                //自行设计完成
            }
        });
        help.add(downloaderHelp);
        help.add(about);
        //将菜单添加至菜单栏
        this.add(file);
        this.add(help);
    }
}
```

3）功能按钮栏类 ButtonBar.java

在 downloader.ui 包中创建 ButtonBar.java。功能按钮栏 ButtonBar 由新建任务、暂停/开始任务、重新开始任务、停止任务和删除任务按钮构成。每一个按钮既可以用文字也可以用图片来表示，每一个按钮都有相应的事件响应。

下面以新建任务按钮为例，代码如下：

```
public class ButtonBar extends JToolBar implements ActionListener{
    private JButton newTask;                          //新建任务按钮
    private MainFrame main;                           //主界面

    public ButtonBar(MainFrame main){
        super();
        this.main= main;
        this.init();                                  //菜单栏初始化
        this.setBorder(BorderFactory.createEtchedBorder(EtchedBorder.LOWERED));

        //设置布局管理器为 FlowLayout 流布局管理器
        this.setLayout(new FlowLayout(FlowLayout.LEFT));
        this.add(newTask);
```

```
        //添加按钮事件响应
        newTask.addActionListener((new java.awt.event.ActionListener() {
            public void actionPerformed(java.awt.event.ActionEvent e) {
                main.showNewTaskFrame();
            }
        });
    }

    /**
     * 功能按钮栏初始化,每一个按钮以图片形式显示
     */
    private void init(){
        ImageIcon newTaskImg = new ImageIcon("resources/images/New.png");
        newTask = new JButton(newTaskImg);
        newTask.setToolTipText("新建任务");
    }
    …
}
```

其他功能按钮按照需求自行设计并实现。注意,图片可以按照自己的要求设置。具体使用哪些图片显示需要实现者自己下载并放置在指定目录里。按钮也可以不使用图片显示,直接以文本显示。

4) 新建任务界面类 NewTaskFrame.java

在 downloader.ui 包中创建 NewTaskFrame.java,该类提供新建任务的窗口。

选择"文件"菜单中的"新建任务"菜单项或者单击新建任务按钮都可以开始新建任务的操作。而新建任务需要提供信息输入的界面,包括要下载任务的 URL、存储目录、文件名及下载线程数。新建下载任务界面如图 14.2 所示。

图 14.2 新建任务界面

其中,文件名根据用户提供的 URL 自动显示,也可以更改名称;而文件路径默认显示默认保存文件目录,也可以根据保存路径的选择重新定义;线程数默认 1 个,可以在下拉列表中选择,从 1~10;单击确定按钮开始下载任务;单击取消关闭当前窗口。这个类请自行设计并实现。

4. downloader 包

downloader 包里只有一个下载工具启动类 Downloader.java。该类用于提供下载工具

启动的 main()方法。

实现主界面 Downloader.java 的代码如下：

```
public class Downloader {
    public static void main(String[ ] args){
        new MainFrame();                                    //启动下载器用户界面
    }
}
```

从上面的代码可以看出，Downloader 类只是提供了对 MainFrame 类的对象初始化，而 MainFrame 类才是提供下载器的界面。

14.5 设计总结

本次课程设计要求完成一个基于 Swing 的 HTTP 多线程下载工具的设计与实现。本章学习了使用 HttpURLConnection 进行资源连接、下载，并使用 RandomAccessFile 来实现断点续传的功能，使用了序列化与反序列化保存对象信息。界面中使用了自定义的 TableModel 来动态更新列表数据。本章的重点是多线程下载，在程序中将一个资源分割为若干个“块”，为每一个“块”建立一条线程进行下载，实现了多线程下载，下载完所有的“块”后，再使用 IO 流将这些“块”合并到最终的文件中，希望本章的多线程下载工具对读者能有很大启发。